Darstellung

der

in den Preußischen Gesetzen

über

die Ehescheidung

unternommenen Reform.

Berlin.
In Commission bei Veit und Comp.

1844.

Inhalt.

Beilagen.

Einleitung.

Seitdem in Folge der Reformation die Möglichkeit einer vollständigen Scheidung der Ehe durch richterlichen Ausspruch anerkannt worden war, bildeten sich die Bedingungen und Grenzen dieser Möglichkeit durch die Gesetzgebung der evangelischen Länder in Deutschland ziemlich gleichmäßig aus, und selbst die Praxis, wenngleich hier und da etwas mehr oder weniger streng, erhielt sich dennoch im Lauf von zwei Jahrhunderten im Ganzen und Großen gleichförmiger, als man hätte erwarten mögen. Diese Gleichförmigkeit erklärt sich großentheils daraus, daß man gleich Anfangs, auf den Grund von Aussprüchen der heiligen Schrift, zwei Scheidungsgründe, den Ehebruch und die bösliche Verlassung, anerkannt hatte, an welche sich das gesammte Scheidungsrecht, durch analoge Fortbildung, mit mehr oder weniger Konsequenz ansetzte.

In Preußen zuerst schlug die Gesetzgebung um die Mitte des vorigen Jahrhunderts (1749.) einen ganz neuen Weg ein, indem sie ein in Deutschland bis dahin unbekanntes Prinzip einführte, und dadurch die Ehescheidungen ungemein erleichterte und vermehrte. Die nachtheiligen Folgen dieser Neuerung machten sich einige Zeit nachher so fühlbar, daß ein neueres Gesetz (1782.) sie in den stärksten Ausdrücken anerkannte, und nach der früheren Bahn wieder einzulenken suchte. Die damals versuchten Mittel waren aber nicht ausreichend, ja diese neue Richtung selbst wurde in der späteren Gesetzgebung fast ganz wieder verlassen, so daß die Bestimmungen des neuesten Gesetzes (1794.), in ihrem ganzen Zusammenhang, einen noch weniger befriedigenden Zustand herbeiführten, als der war, welchem das Gesetz von 1782. entgegen zu arbeiten gesucht hatte.

Zu diesen wechselnden Ansichten über das Scheidungsrecht selbst kam aber noch, unabhängig von denselben, eine Veränderung in dem Verfahren hinzu, wodurch die nachtheiligen Folgen des angeführten neuesten Gesetzes ungemein vermehrt wurden. Einige Veränderungen in dem Gerichtswesen führten im Anfang dieses Jahrhunderts ganz beiläufig dahin, daß die Ehesachen, die bis dahin ausschließend an die Obergerichte gewiesen waren, nunmehr, sowie alle andere Rechtssachen, dem persönlichen Richter der Parteien übertragen wurden. Dadurch kam die überwiegende Mehrzahl aller Ehesachen durch Delegation an die Untergerichte, und dieser, auf den ersten Blick untergeordnet erscheinende Umstand hat sehr dazu beigetragen, aus der Behandlung der Ehesachen den Ernst und die Würde zu entfernen, welche für dieselben, mehr als für andere Rechtssachen, wichtig und nöthig sind.

Der Erfolg dieses zufälligen Zusammentreffens des neuen Verfahrens mit dem neuesten Gesetz über die Ehescheidungen konnte nicht unbemerkt bleiben. Seit sehr vielen Jahren war ganz allgemein, und namentlich im Richterstand, die Ueberzeugung verbreitet, daß der Zustand unseres Eherechts sehr unbefriedigend sei, und daß er durch Gesetzgebung gründlich verbessert werden könne und müsse.

Schon in der eingeleiteten Revision unserer allgemeinen Gesetze wurde eine schätzbare Vorarbeit zu dieser

Verbesserung geliefert (1830.). Vor zehn Jahren aber erging der Befehl, diesen besonders dringenden Theil der Revision von dem Ganzen auszuscheiden, und abgesondert zu schleuniger Erledigung zu führen. Es entstand aber manche Meinungsverschiedenheit über die Behandlung der Sache, wodurch die Beendigung des Geschäfts verzögert wurde.

Endlich ist im Jahre 1842. eine neue Aufnahme der ganzen Arbeit angeordnet worden. Die gegenwärtige Schrift ist dazu bestimmt, über den Gang und die bisherigen Resultate dieser neuesten Bearbeitung Auskunft zu geben.

Es wurde zuerst im Ministerium der Gesetzrevision der Entwurf eines neuen Gesetzes über die Ehescheidungen ausgearbeitet; dieser wurde in der Gesetzkommission geprüft, und die neue Gestalt, welche er hier erhielt, wurde dem Staatsministerium vorgelegt, welches nur wenige, und nicht in das Wesen der Sache eingreifende Abänderungen vorschlug. So kam der Entwurf in den Staatsrath, welcher sich im Jahre 1843. fünf Monate lang mit der sorgfältigen Prüfung desselben beschäftigte. Die Beschlüsse des Staatsraths führten zu neuen Berathungen der Gesetzkommission über einige vorbehaltene Punkte, und wurden endlich von der Fassungskommission des Staatsraths in einem neuen Entwurf dargestellt.

Die Beilagen der gegenwärtigen Schrift enthalten:

A. Den Entwurf, welcher im Anfang des Jahres 1843. dem Staatsrath zur Prüfung vorgelegt worden war.

B. Den aus den Händen der Fassungskommission des Staatsraths hervorgegangenen neuen Entwurf.

Es trat aber ein besonderer Umstand ein, welcher die gänzliche Beendigung der Prüfung des Staatsraths vorläufig verhinderte. Ein wichtiger Theil des vorgelegten Entwurfs betraf die Freiheitsstrafen, sowohl für den Ehebruch, als für andere zur Ehescheidung führende Verletzungen eines Ehegattten durch den anderen. Die Strafen des Ehebruchs waren aus dem, mehrere Jahre zuvor, bearbeiteten Entwurf des neuen Strafgesetzbuchs in das neue Ehegesetz unverändert herüber genommen worden. Zu der Zeit nun, worin der Staatsrath das Ehegesetz prüfte, war eine Revision des Strafgesetzbuchs, in Folge der Gutachten der Landtage, eingeleitet worden. Daher beschloß der Staatsrath, den die Freiheitsstrafen betreffenden Theil des Ehegesetzes so lange auszusetzen, bis jene Revision des Strafrechts beendigt seyn würde. Hieraus ist es zu erklären, daß der in der Beilage B. enthaltene Entwurf einen Theil der Gegenstände, welche in der Beilage A. vorkommen, einstweilen unberührt läßt.

Anstatt daß früherhin, wie oben bemerkt wurde, die Nothwendigkeit einer durchgreifenden Reform der Ehescheidungsgesetze in ungetheilter Meinung anerkannt worden war, trat während dieser neuesten Verhandlungen die stärkste Verschiedenheit der Ansichten über diesen Gegenstand hervor. Einzelne Stücke der Verhandlungen waren, unvollständig und ungenau, in öffentliche Blätter übergegangen, auch das größere Publikum nahm daher an diesen Streitfragen Antheil, und so trat dieser Gegenstand in die Reihe der Parteifragen des Tages ein, wobei es an der leidenschaftlichsten Erörterung derselben nicht fehlte. Ein solcher Zustand der Dinge muß als ein großer Nachtheil anerkannt werden, indem er auf die ruhige, unbefangene Erwägung störend, auf die geschäftliche Erledigung erschwerend und verzögernd einwirkt. Vielleicht gelingt es aber, ihm auf der anderen Seite einen nicht unbedeutenden

Vortheil abzugewinnen. Ein so starker Widerstreit der Meinungen wird nicht leicht durch Zufall und Willkühr entstehen; er deutet vielmehr auf innere, wesentliche Schwierigkeiten, die in der Sache selbst liegen. Wenn es nun gelingt, diesen mit Erfolg nachzuforschen, und so zu einer gründlicheren Einsicht in die Natur des Gegenstandes selbst zu gelangen, so werden wir die Anstrengung nicht zu bereuen haben, welche aufgewendet werden muß, um jenen Widerstreit zu bewältigen.

Nach der gewöhnlichen Auffassung ist das Verhältniß der Ehe von ganz gleicher Natur mit den übrigen Verhältnissen des Privatrechts; bei genauerer Betrachtung aber sind hierin sehr durchgreifende Verschiedenheiten anzuerkennen. Am reinsten und vollständigsten erscheint die Natur des Privatrechts in denjenigen Rechtsverhältnissen, welche dem Vermögen angehören. In ihnen kann kein anderer Gesichtspunkt herrschen, als der, das Recht zu schützen, und, wo es gestört ist, herzustellen. Was zu diesem Zweck führt, kann der Richter sowohl vollständig erkennen und beurtheilen, als durch Zwang zur Ausführung bringen.

Ist also dem Eigenthümer die Sache, die ihm gehört, entzogen, so muß sie ihm wieder verschafft werden ohne Rücksicht auf Neigung und Bedürfniß des Gegners. Die Grenze der Möglichkeit dieses Schutzes liegt blos in dem Untergang der Sache, und selbst diese Grenze ist nicht absolut, weil das untergegangene Eigenthum in ein Recht auf Entschädigung verwandelt werden kann.

Eben so verhält es sich mit den Schuldforderungen, die ohne Schonung für die Person des Schuldners geltend gemacht werden, so lange noch Vermögen vorhanden ist; ja selbst über dessen Grenzen hinaus, in sofern körperliche Haft gegen den nicht zahlenden Schuldner eintreten kann. — Alles dieses ist die Folge davon, daß das Wesen des Eigenthums, wie der Schuldforderungen, in einem reinen Rechtsverhältniß, ohne allen fremdartigen Zusatz besteht, daß es also in diesem Rechtsverhältniß völlig aufgeht.

Eine andere Natur hat die Ehe. Das Wesen derselben besteht zum großen, ja zum wichtigsten Theil nicht auf einem rechtlichen, sondern auf einem sittlichen Verhältniß. Allerdings aber reicht die Ehe auch in das Rechtsgebiet hinein, und in diesem ihrem rechtlichen Bestandtheil wird sie Gegenstand der Gesetzgebung und des Richteramtes. Mit dieser doppelten Natur der Ehe hängt es zusammen, daß bei ihr der Gesichtspunkt für die Behandlung kein so einfacher sein kann, wie es bei dem Eigenthum und den Schuldforderungen der bloße Rechtsschutz, und Nichts außer ihm, ist. Bei der Ehe dagegen ist der Rechtsschutz nur einer von mehreren Gesichtspunkten, die auf Beachtung Anspruch haben. Ein zweiter besteht in der individuellen Freiheit der Ehegatten; der dritte und wichtigste endlich in der Würde der Ehe selbst, diese als Institution betrachtet, unabhängig von dem Recht und dem Willen der Individuen. — Und auch der Rechtsschutz hat bei der Ehe in sofern eine eigenthümliche Natur, als die Möglichkeit desselben, die bei dem Eigenthum so ausgedehnt erschien, hier in sehr enge Grenzen eingeschränkt ist. Vieles, ja das Wichtigste, läßt sich bei der Ehe gar nicht erzwingen, und die hauptsächlichste Macht, die hier dem Gesetz und dem Richteramt zu Gebote steht, ist eine negative, sie besteht in der versagten Anerkennung.

Jeder der hier aufgestellten Gesichtspunkte hat unzweifelhafte Realität, und es knüpft sich daran für jeden derselben der wohlbegründete Anspruch auf angemessene Berücksichtigung. In der Anwendung aber treten dieselben oft in entschiedenen Widerstreit gegen einander. Hieraus ergiebt sich sowohl für die wissenschaftliche Betrachtung des Gegenstandes, als für die Gesetzgebung, die Aufgabe, eine positive Vermittelung jener an sich verschiedenartigen, oft widerstreitenden, Gesichtspunkte zu suchen. Wird diese Aufgabe verkannt, oder gelingt es nicht, sie auf befriedigende Weise zu lösen, so tritt die unvermeidliche Folge ein, daß auch der an sich wahre, aber zu ausschließend festgehaltene Gesichtspunkt durch einseitige Uebertreibung mehr oder weniger in Irrthum verwandelt wird. Hierin liegt ohne Zweifel die eigentliche Ursache des in der neuesten Zeit so stark hervorgetretenen Widerstreites der Meinungen über die hier vorliegenden Fragen.

Es ist wichtig, sich diese wahre Lage der Sache recht klar vor Augen zu stellen. Wichtig zunächst für jeden Einzelnen, um sich selbst durch unbefangenes Streben nach jener richtigen Vermittelung vor einseitiger Verirrung zu schützen; wichtig zugleich, um den wirklichen oder vermeintlichen Irrthum der Gegner mit Milde und Schonung zu beurtheilen, und diejenige Meinung nicht als völlig verwerflich zu behandeln, worin vielleicht ein wahres Element noch anzuerkennen sein möchte.

Es ist aber auch wichtig für den Erfolg der Sache im Großen. Denn selbst wenn es gelingt, in der Gesetzgebung den völlig richtigen Weg einzuschlagen, so ist doch die wahre Frucht einer Reform nur dann zu erwarten, wenn eine innere Zustimmung der Wohlgesinnten und Wahrheitsuchenden ergänzend und unterstützend hinzutritt. Eine solche Zustimmung aber, wenigstens annähernd und fortschreitend, zu erlangen, dürfen wir die Hoffnung nicht aufgeben, wie sehr auch die lebhafte Aufregung hindernd entgegen treten möge, wodurch dieser Gegenstand zu einer Parteifrage geworden ist.

Es ist zu hoffen, daß die gegenwärtige Darstellung dazu beitragen werde, diesen wünschenswerthen Zweck zu befördern. Es ist schon erwähnt worden, daß hier der Gegensatz der Meinungen nicht als ein blos zufälliger zu betrachten ist, sondern daß er mit den inneren Schwierigkeiten der Sache selbst in Zusammenhang steht. Daher konnte es nicht fehlen, daß dieser Gegensatz auch in den ernsten und sorgfältigen Berathungen, woraus die vorliegenden Entwürfe hervorgegangen sind, auf das Vielseitigste geltend gemacht und durchgestritten worden ist. Da nun die gegenwärtige Darstellung dazu bestimmt ist, von dem Gang und Erfolg jener Berathungen, also von der Vermittelung, zu welcher dieselben geführt haben, Nachricht zu geben, so wird sie ein Bild desselben Gedankenprozesses darstellen müssen, zu welchem auch jeder Einzelne genöthigt ist, der sich um die Erkenntniß der Wahrheit in dieser Sache redlich bemüht. Auf diesem Wege wird also ein ähnlicher Vortheil erlangt werden können, wie der, welcher durch öffentliche Verhandlung in legislativen Versammlungen bezweckt wird.

Es wird nun darauf ankommen, die Gesichtspunkte mehr im Einzelnen zu erwägen, von welchen schon oben bemerkt worden ist, daß sie in gesetzlichen Bestimmungen über das Eherecht Anerkennung und Beachtung in Anspruch zu nehmen haben. Sie sind so ausgedrückt worden: Rechtsschutz, individuelle Freiheit, Würde der Ehe als Institution.

Der Rechtsschutz der einzelnen Person in der Ehe, also des einen Ehegatten gegen den andern, ist seinem Wesen nach von dem in anderen Rechtsverhältnissen zu gewährenden Schutz nicht verschieden, und giebt in der That auch am wenigsten Anlaß zu streitenden Meinungen. Niemand bezweifelt, daß ein Ehegatte durch Ehebruch, bösliche Verlassung, oder durch Mißhandlungen, die Rechte des andern schwer verletze, und daß also der verletzte Theil auf richterlichen Schutz Anspruch habe. Eine unmittelbare Herstellung des gestörten Rechtszustandes ist nur in wenigen Fällen denkbar, z. B. bei der böslichen Verlassung, und auch hier nur auf sehr unzureichende Weise. Ebenso verhält es sich mit der Sicherung für die künftige Zeit, z. B. bei fortgesetzten Mißhandlungen. Endlich ist eine Ausgleichung der in die Vergangenheit fallenden Rechtsverletzung, wie sie das Vermögensrecht durch Entschädigung zuläßt, hier völlig undenkbar. — Es kann dabei noch bemerkt werden, daß von diesem Standpunkt des bloßen Rechtsschutzes aus, die Scheidung durch einseitige Willkühr als unzulässig erscheint, die durch gegenseitige Einwilligung aber als zulässig, indem durch diese kein Recht einer einzelnen Person verletzt wird.

Die individuelle Freiheit, als etwas von dem Recht Verschiedenes, kommt bei den Verhältnissen des reinen Privatrechts (wie Eigenthum und Schuldforderungen) gar nicht in Betracht. Bei der Gesetzgebung über die Ehe sind wir aus folgenden verschiedenartigen Gründen genöthigt, auch auf sie besondere Rücksicht zu nehmen. Wenn nämlich die Ehe durch eine Rechtsverletzung gestört wird, so kann die Frage entstehen, ob der verletzte Theil durch sie dennoch auch fernerhin gebunden ist, indem so eben bemerkt wurde, daß ihm ein wahrer Schutz gegen die Verletzung bald gar nicht, bald nur unzulänglich gewährt werden kann. — Von Seiten des schuldigen Theils aber ist die individuelle Freiheit in anderer Weise in Betracht zu ziehen. Nicht als ob davon die Rede sein könne, die das Recht verletzende Freiheit zu schützen oder anzuerkennen, wohl aber deswegen, weil es uns meist an Mitteln fehlt, sie dem Recht zu unterwerfen, so daß wir sie uns oft als Thatsache nothgedrungen gefallen lassen müssen, so wie es in den Verhältnissen des Vermögensrechts auf ähnliche Weise nicht vorkommt.

Das Extrem der ausschließenden Berücksichtigung individueller Freiheit würde darin bestehen, daß es jedem Ehegatten gestattet würde, die Ehe durch einseitige Willkühr aufzulösen.

Die Würde der Ehe als Institution, begründet den wichtigsten und eigenthümlichsten Gesichtspunkt, der hierin für die Gesetzgebung zu beachten ist. Ihre Ehrfurcht gebietende Natur gründet sich darauf, daß sie, in Beziehung auf die Einzelnen, eine wesentliche und nothwendige Form des menschlichen Daseins überhaupt ist, in Beziehung auf den Staat aber unter die unentbehrlichen Grundlagen seines Bestehens gehört. Durch diese ihre Natur erhält sie ein selbstständiges Dasein, einen Anspruch auf Anerkennung, welcher von individueller Willkühr und Meinung unabhängig ist. Der wichtige Zusammenhang der Ehe mit dem gesammten geistigen Wohlsein des Ganzen wie der Einzelnen, ist auch in allen Zeiten und bei allen Völkern anerkannt worden. Im christlichen Zeitalter insbesondere ist die Ehe, in der Form der Monogamie, die Grundlage unsrer Bildung und Gesittung geworden. Die sittliche Erhebung des weiblichen Geschlechts über die unwürdige Stellung, die dasselbe bei vielen Nationen einnimmt, knüpft sich an diese Form der Ehe, welche aber mit ihren edlen Folgen nur da gegen Entartung gesichert werden kann, wo für die Erhaltung ihrer Reinheit durch Sitte und Gesetz angemessene Sorge getragen wird. Das Gesetz allein, ohne die Unterstützung und Ergänzung der Sitte, wird gewiß nicht ausreichen; aber ebenso kann die Sitte das Gesetz nicht entbehren, und sie wird durch mangelhafte Gesetze unfehlbar geschwächt und herunter gezogen werden.

Ueber das Verhältniß dieser verschiedenen Gesichtspunkte zu einander ist Folgendes zu bemerken.

Der Rechtsschutz wird stets auf dieselben Erfolge führen, wie die Anstalten, wodurch die Würde der Ehe erhalten werden soll. Dagegen wird die einseitige Begünstigung der individuellen Freiheit oft in Konflikt kommen, bald mit der Würde der Ehe, bald auch mit dem Recht des einen der Ehegatten. Nichts ist gewöhnlicher bei diesen Streitfragen, als von einem Gegensatz strenger und milder Ansichten zu sprechen. Dadurch aber wird die Sache so wenig erschöpft, daß sich unter diese Ausdrücke oft die stärksten Täuschungen verbergen. Unter einer milden Behandlung wird gewöhnlich die einseitige Begünstigung individueller Willkühr des einen Ehegatten verstanden; man vergißt aber dabei, wie hart diese angebliche Milde für den anderen Ehegatten werden kann, vorzüglich in den sehr zahlreichen Fällen, worin die scheinbare Einwilligung nur durch fortgesetzten, nicht sichtbar hervortretenden, moralischen Zwang, also durch unwürdige Mittel, herbeigeführt worden ist.

Am häufigsten wird darüber gestritten, in welchem Maaße die individuelle Freiheit, gegenüber der Würde der

Ehe, zu begünstigen ist. Hierin aber ist zu erwägen, daß jede zu weit getriebene Begünstigung der Freiheit unvermeidlich dahin führt, die eigenthümliche Natur der Ehe zu verdunkeln und dadurch ihre heilsamen Folgen zu schwächen. Durch eine solche, konsequent durchgeführte, extreme Begünstigung würde nämlich die scharfe Grenze zwischen der Ehe und dem Konkubinat unkenntlich gemacht und endlich vernichtet werden. Es ist hierbei nicht die Rede davon, ob das Konkubinat, sei es der Ehelosen oder der Ehegatten, geduldet, oder vielmehr verboten und verhindert werden soll, sondern lediglich von der Festhaltung des strengen Unterschiedes zwischen beiden Verhältnissen. Nun ist es aber einleuchtend, daß derjenige, welcher die völlig freie Scheidung durch gegenseitige Einwilligung, oder gar die durch einseitige Willkühr, bevorwortet, eigentlich den augenscheinlichsten Unterschied aufhebt, damit aber auch sowohl die höhere sittliche Stellung des weiblichen Geschlechts, als den auf dem Familienleben ruhenden Segen, die sichere Uebertragung unseres ganzen Besitzthums sittlicher Gesinnung auf die nachwachsende Generation, in die größte Gefahr bringt.

Diese Folgen will in der That Niemand, auch die individuelle Freiheit in jener grundsätzlichen äußersten Ausdehnung findet keine Vertheidiger. Was aber nicht Wenige wollen, geht dahin, daß zwar ein geordneter Zustand des Familienlebens als Regel anerkannt, daneben jedoch die Möglichkeit recht vieler individuellen Ausnahmen vorbehalten werde. Dieser Wunsch gründet sich oft weniger auf allgemeine Ueberzeugungen, als auf die Anschauungen, die uns aus manchen wirklich im Leben vorgekommenen Fällen vorschweben, und für die man den Anspruch auf solche Ausnahmen glaubt geltend machen zu müssen, um dem Vorwurf unerträglicher Härte vorzubeugen. Für dasjenige, welches in diesem Verlangen in der That Grund haben mag, wird weiter unten eine angemessene Vorsorge aufgesucht werden. Hier schien es nöthig, auf das letzte Ziel aufmerksam zu machen, worauf das Extrem ausschließender Begünstigung der individuellen Freiheit führt; diesem Ziel aber nähern wir uns auf bedenkliche Weise schon durch jede Maaßregel, wodurch die Festigkeit der Ehe wesentlich erschüttert, und damit zugleich die Anerkennung ihres reinen und hohen Begriffs, in Vergleichung mit geschlechtlichen Verhältnissen niederer Art, geschwächt und verdunkelt wird.

Die wichtige Frage nun, worüber die Meinungen vorzugsweise aus einander gehen, betrifft die Art, wie die Gesetzgebung in das eheliche Verhältniß einzugreifen hat. Um die Beantwortung dieser Frage vorzubereiten, ist es nöthig, sich den richtigen und wünschenswerthen Zustand der Ehe, daneben aber die Abweichungen von demselben, klar vor Augen zu stellen. Dann erst wird es an der Zeit sein, auf die weitere Frage einzugehen, in wiefern die Gesetzgebung den Beruf und die Fähigkeit hat, jenen richtigen Zustand zu befördern, und diesen Abweichungen entgegen zu wirken.

Der gesunde oder normale Zustand der Ehe läßt sich am treffendsten als rechtschaffene Führung des ehelichen Lebens bezeichnen. Es ist leicht, aber unfruchtbar, sich ein solches Verhältniß so zu idealisiren, als müsse es in ununterbrochener Uebereinstimmung der Gesinnungen und Neigungen, also in steter ungetrübter Zufriedenheit bestehen. Da so wenige Menschen mit sich selbst in ungestörtem Frieden ihr Leben zu führen vermögen, dürfen wir noch weniger fordern oder erwarten, daß die Vereinigung verschiedener Naturen in der Ehe ein solches Bild des stets ungetrübten Friedens darbieten müßte. Das aber ist allerdings möglich, und darin eben besteht das Wesen der rechtschaffenen Ehe, daß in jedem Ehegatten die anerkennende Achtung gegen die Person des Gatten und gegen das Beide vereinigende Band so überwiegend und vorherrschend sei, wie es zur sicheren Ausgleichung jeder untergeordneten, vorübergehenden Störung genügt. Diese vorherrschende Gesinnung, wodurch das eheliche Leben beseelt sein muß, erscheint als das lebendige Pflichtgefühl, welches wir als den eigenen Willen in uns aufzunehmen haben, sehr verschieden von einer auferlegten Nothwendigkeit, der wir uns unwillig fügen. Durch diese Gesinnung wird das eheliche Leben ein Mittel der Erziehung des Menschen zu seiner wahren Bestimmung, wie es sich in keinem anderen menschlichen Verhältniß findet.

Innerhalb der Grenzen dieser rechtschaffenen Ehe, deren eigenthümliches Wesen überall dasselbe ist, findet sich aber ein weiter Spielraum für die mannichfaltigste Abstufung höherer Veredlung, je nach dem individuell verschiedenen geistigen und sittlichen Bildungszustand der Ehegatten.

Verschieden von jenem normalen Zustand ist der krankhafte, den wir in der Wirklichkeit bei vielen Ehen wahrnehmen. Er besteht überall darin, daß über jene rechtschaffene Gesinnung die Selbstsucht das Uebergewicht erhält, welches in den verschiedensten Arten und Graden geschehen kann, bald vorübergehend, bald bleibend und wachsend, bald bei einem Ehegatten allein, bald bei beiden zugleich.

Nunmehr läßt sich die oben angedeutete Frage so ausdrücken: Was kann und soll die Gesetzgebung dazu thun, um die rechtschaffenen Ehen zu befördern, und um dem Uebel, welches in den krankhaften Ehen liegt, entgegen zu wirken?

Hierüber geht die eine Meinung dahin, der Gesetzgeber solle sich so wenig als möglich in diese Angelegenheit einmischen, sie vielmehr sich selbst überlassen. Die vorhandenen guten Ehen bedürften strenger Gesetze nicht, und würden durch diese nur unangenehm berührt. Schlechte Ehen durch Zwang zu guten zu machen, sei unmöglich, sie durch Zwang äußerlich zusammen zu halten, sei zwar möglich, aber weder für die Ehegatten, noch selbst für die Kinder heilsam; es sei besser, innerlich zerrissene Ehen auch äußerlich zu trennen. Besonders sei dieses in unsern Tagen zu behaupten, da ein Fortschritt zum Bessern im Familienleben unverkennbar eingetreten sei. Das früher vorhandene Uebel werde durch die Zeit von selbst geheilt, und die Gesetzgebung sei dabei entbehrlich, wenn nicht sogar störend.

Jede Reform der Ehegesetze, also auch diejenige, welche jetzt beabsichtigt, und hier besprochen wird, geht aus von der entgegengesetzten Ueberzeugung, nach welcher allerdings die Gesetzgebung einwirken kann und soll. Die vorhandenen guten Ehen werden überhaupt durch kein Gesetz berührt oder gestört, da sie des Gesetzes nicht bedürfen. Die nicht guten, die krankhaften Ehen aber sind ins Auge zu fassen, und auf diese allein ist die Einwirkung der Gesetzreform berechnet. Daß diese Ehen nicht durch ein ernstes zwingendes Gesetz in gute Ehen unmittelbar verwandelt werden können, wird freilich von Keinem bezweifelt; dennoch ist eine heilsame indirekte Einwirkung der Gesetze auf dieselben wohl möglich, und daher auch nicht zu versäumen.

Zuerst ist zu bedenken, daß der unheilvolle Zustand so vieler Ehen fast niemals als ein isolirtes Unglück plötzlich herein bricht, sondern vielmehr in seiner allmäligen Entwickelung aufgefaßt werden muß, wenn er richtig erkannt, und wenn ein Heilmittel dafür gefunden werden soll. Bei vielen Ehen liegt der Grund des Verderbens schon in der Art, wie sie geschlossen werden. Nicht selten steht den neuen Ehegatten, vorzüglich in den unteren Ständen, schon der bestimmte Gedanke an die leichte Auflösung vor Augen, in vielen anderen Fällen wird wenigstens die Ehe mit gedankenlosem Leichtsinn geschlossen. In beiden Fällen würde das Bewußtsein eines vorhandenen ernsten, die Willkühr zügelnden Ehegesetzes dazu geeignet sein, größere Besonnenheit hervor zu rufen, und manche Ehe zu hindern, die jetzt durch die unwürdige Art ihres Anfangs den Keim des Unheils schon in sich trägt. — Noch weit wichtiger aber ist der Gedanke an ein gegenüber stehendes ernstes Gesetz während der Führung der Ehe selbst. Betrachten wir nämlich die Art, wie der Unfriede in schlechten Ehen entsteht, und endlich unerträglich wird, so werden dabei nur höchst selten mächtige Leidenschaften zum Grunde liegen. Vielmehr werden zuerst leichte Anwandlungen von übler Laune, Selbstsucht, Rohheit, böser Lust vorhanden sein, denen durch einen mäßigen Aufwand von Selbstbeherrschung begegnet werden könnte. Nur weil der Versuch dazu nicht gemacht wird, gewinnen solche Neigungen durch Nachgiebigkeit und Gewöhnung einen solchen Grad von Herrschaft über den Menschen, daß sie ihm selbst und Anderen verderblich werden. Wenn nun dem Ehegatten, der auf solche Abwege kommt, der Gedanke an ein ernstes, die bloße Willkühr beschränkendes Gesetz vor Augen steht, so wird er vielleicht jene Selbstbeherrschung anwenden und der Friede wird wiederhergestellt werden. Weiß er dagegen, daß das Gesetz die Willkühr nicht zügelt, sondern frei läßt, so wird er sich selbst jene mäßige Gewalt nicht anthun, und das Uebel wird bald unheilbar werden. — Endlich kommen nicht selten die Fälle vor, in welchen geschiedene Ehegatten von Neuem die Ehe mit einander eingehen. In solchen Fällen nun wird es recht augenscheinlich, daß darin eine innere Nothwendigkeit der Scheidung nicht vorhanden war, daß also dieselbe nur durch unzeitige Nachgiebigkeit des Gesetzes möglich geworden ist, und daß ein ernsteres Gesetz diese Herabwürdigung der Ehe verhütet haben würde.

Alle diese vortheilhafte Folgen eines ernsteren Ehegesetzes in Beziehung auf krankhafte Ehen lassen sich auf den einfachen Gedanken zurückführen, daß dadurch der Ernst und die Würde der Ehe praktisch anerkannt, und dadurch ein heilsamer moralischer Eindruck hervorgebracht wird.

Bei dem lebhaften Streit, welcher über diese Frage neuerlich geführt worden ist, scheinen Manche angenommen zu haben, die hier aufgestellte Behauptung von den wohlthätigen Folgen eines ernsteren Ehegesetzes, und von den aus dem Mangel desselben hervorgehenden Uebeln, sei ein ganz neuer, willkührlicher Gedanke, unserer früheren Gesetzgebung fremd, ja entgegengesetzt. Wie irrig diese Annahme ist, erhellt aus folgender Stelle in dem Eingang des Edikts König Friedrich II. über die Ehescheidungen vom 17ten November 1782., worin die hier aufgestellte Behauptung die entschiedenste Anerkennung findet:

„Da nun aber durch eine solche übertriebene Leichtigkeit bei den Ehescheidungen der öffentliche Wohlstand beleidigt; die Zügellosigkeit der Sitten, und der Hang der Gemüther zur ungescheuten Verletzung der heiligsten

Verbindungen bestärkt; dadurch auf der einen Seite die Schließung mancher unschicklichen und unüberlegten Ehen veranlaßt, auf der andern aber auch, wegen des Anstoßes, den eine zweite Heirath geschiedener Personen gemeiniglich findet, und wegen der Besorgnisse, womit die Unzulänglichkeit so vieler Ehebündnisse bedenkliche Gemüther nothwendig erfüllen muß, die dem Staat so nachtheilige Ehelosigkeit noch mehr befördert; den zur häuslichen Glückseeligkeit so nöthigen gegenseitigen Bestrebungen der Eheleute, sich in einander zu schicken, und allen Anlaß zum Mißvergnügen und Widerwillen sorgfältig zu vermeiden, die mächtigste Triebfeder genommen, den schädlichen Eindrücken der Verführung freier Zugang eröffnet; solchergestalt die innere Ruhe und Ordnung der Familien gestört; vornämlich aber den aus solchen Ehen erzeugten Kindern, wegen des in den Gemüthern der geschiedenen Eltern gegen sie nur allzuleicht entstehenden Kaltsinns und Abneigung, sowohl durch Vernachlässigung ihrer Erziehung, als durch Entfremdung und Zersplitterung des Vermögens der größte Nachtheil zugefügt wird, So haben Wir *) u. s. w." —

Wenn zuweilen gegen das Bedürfniß einer durchgreifenden Reform der Scheidungsgesetze die Thatsache geltend gemacht wird, daß sich die Sitte in neuerer Zeit ohnehin schon einer besseren Richtung zugewendet habe, so kann man diese Thatsache mit Freuden anerkennen, ohne deshalb der daraus gezogenen Folgerung beizutreten. Zunächst würde es nicht zu rechtfertigen sein, wenn hierin

*) Das ganze Edikt, und insbesondere auch dieser Eingang, ist von Suarez abgefaßt. Der historische Zusammenhang desselben wird in dem ersten Abschnitt dargelegt werden.

das Gesetz hinter der Sitte zurückbliebe, und dieser allein die Verbesserung des Zustandes überließe, ohne von seiner Seite übereinstimmend mitzuwirken. Dann aber ist auch die besondere Beschaffenheit der eingetretenen günstigen Veränderung ins Auge zu fassen. Diese findet sich vorzugsweise in den gebildeten Ständen, dagegen möchte in den niederen Klassen vielmehr eine größere Verbreitung des Uebels, also eine nachtheilige Veränderung, in neuerer Zeit eingetreten sein. In den höheren Ständen nun findet die bessere Sitte eine kräftige Unterstützung an dem durch die gesellschaftlichen Verhältnisse wirkenden Ehrgefühl. Diese Unterstützung wird man um so schwächer finden, je mehr man in der Betrachtung zu den unteren Klassen herabsteigt. Dagegen ist in diesen oft ein höherer Grad von Glauben an das Gesetz und Gehorsam gegen dasselbe wahrzunehmen. In Scheidungsprozessen finden sich merkwürdige Aeußerungen, nach welchen nicht zu zweifeln ist, daß Ehegatten ihr gewiß tadelnswerthes Benehmen ehrlicherweise blos deshalb für gerechtfertigt gehalten haben, weil das bestehende, in der That zu nachgiebige Gesetz ihnen zur Seite stand. In solchen Fällen trägt gerade das Gesetz die Verantwortung, und der Gesetzgeber hat die Pflicht, dasselbe zu verbessern. Wollte man anders verfahren, so würde man, mit einseiger Berücksichtigung der höheren Stände, den Zustand der niederen vernachlässigen, welches gewiß Niemand bevorworten wird.

Diejenigen, welche verlangen, daß die Gesetzgebung sich unthätig verhalte, und eine von selbst eintretende Besserung ruhig abwarte, scheinen dabei vorauszusetzen, daß die jetzt vorhandenen Uebel gleichfalls von selbst entstanden seien. Diese Voraussetzung aber muß als irrig verworfen werden. Großentheils ist es gerade unsere fehlerhafte Gesetzgebung, welche die jetzt vorhandenen Uebelstände hervorgebracht hat, die also auch nur von derselben Seite her wahre Abhülfe erwarten können. Daß dieses in der That so ist, zeigt eine unbefangene Vergleichung des Zustandes unsres Landes mit dem Zustand anderer deutscher Länder, ja selbst die Vergleichung unsrer Provinzen, worin das Allg. Landrecht Gesetzeskraft hat, mit der Rheinprovinz. Hier ist, bei übrigens gleichen Kulturverhältnissen, und mit völliger Berücksichtigung der aus dem kirchlichen Bekenntniß hervorgehenden Verschiedenheiten, der Unterschied in der Anzahl der vorkommenden Ehescheidungen so auffallend groß, daß die Ursache desselben unmöglich anderswo, als in der Gesetzgebung, mit Einschluß des gerichtlichen Verfahrens, gesucht werden kann.

Die hier vertheidigte strengere Ansicht in der Behandlung des ehelichen Verhältnisses steht unverkennbar in einer gewissen Verwandtschaft mit den Dogmen der verschiedenen Religionsparteien, die, bei aller Verschiedenheit im Einzelnen, dennoch darin übereinkommen, daß sie die Würde der Ehe zu erhalten und gegen Eingriffe der leichtsinnigen Willkühr zu schützen suchen. Diese Betrachtung könnte leicht auf den Gedanken führen, der Inhalt der Ehegesetzgebung sei eben aus der kirchlichen Lehre über die Ehe zu entnehmen. Allein bei genauerer Erwägung muß dieser Gedanke gänzlich aufgegeben werden. Könnte man dieses auch noch im Allgemeinen bezweifeln, so würde es doch in jedem Staate, dessen Einwohner verschiedenen, gleich berechtigten Religionsparteien angehören, unbedenklich eingeräumt werden müssen. Denn die Aufnahme der katholischen Kirchenlehre in das bürgerliche Gesetz würde auf das völlige Verbot der Ehescheidung führen; die der protestantischen Kirchenlehre auf die Zulassung derselben, aber in bestimmten Grenzen. Hierin fände sich also schon ein entschiedener Widerspruch, der nur durch besondere bürgerliche Gesetze für beide Religionstheile beseitigt werden könnte, und dann wieder zu neuen Schwierigkeiten führen würde. Aber selbst damit wäre die Sache noch nicht zu Ende, vielmehr würde sich daran noch folgende neue Schwierigkeit knüpfen. Die Grenzen, in welchen nach der protestantischen Kirchenlehre die Ehescheidung zuzulassen ist, sind nämlich nicht allgemein anerkannt. Zwar haben sich hierüber schon zur Zeit der Reformation gewisse Grundsätze ausgebildet, die durch Gesetze und durch die Praxis überwiegende Anerkennung gefunden haben. Allein in neuerer Zeit hat es auch dabei an Widerspruch nicht gefehlt, indem manche Schriftsteller, ausgehend von einzelnen biblischen Stellen, ein weit strengeres Prinzip für die zulässige Ehescheidung aufgestellt, und als das wahrhaft protestantische Prinzip angegeben haben. Ebenso ist es bekannt, daß in England ganz andere Grundsätze über die Ehescheidung gelten, als die, welche das protestantische Deutschland seit der Reformation anerkennt, und auch dadurch wird die Annahme eines gemeinen *protestantischen* Ehescheidungsrechts einer bedeutenden Beschränkung unterworfen.

Bei den gegenwärtigen Verhandlungen ist man allgemein, ohne allen Widerspruch, von der Ueberzeugung ausgegangen, daß die beabsichtigte Reform *nicht* auf eine bestimmte Kirchenlehre gegründet, sondern lediglich in dem Charakter eines bürgerlichen Gesetzes vorgenommen werden müsse. Es würde aber ganz irrig sein, diese Ueberzeugung so aufzufassen, als werde das zu erlassende Gesetz mit seinen Beweggründen und Zwecken, zu der Lehre der verschiedenen Religionsparteien in einem fremden und gleichgültigen, vielleicht gar in einem feindlichen Verhältniß stehen. Vielmehr hat es den allgemeinen Zweck, den Ernst und die Würde der Ehe mehr und mehr zur Anerkennung zu bringen, mit jenen Kirchenlehren gemein, und darum ist ein freundlich übereinstimmendes Zusammenwirken zu diesem Zweck auf dem Gebiet des bürgerlichen Gesetzes und auf dem der Kirche nicht blos möglich und wünschenswerth, sondern auch zur Erreichung des Zwecks ganz unentbehrlich. Der Gedanke eines solchen Zusammenwirkens ist auch keinesweges neu, er ist vielmehr in zahlreichen Stellen des Allgemeinen Landrechts und der Gerichtsordnung ausgesprochen. Er wird aber um so leichter und wirksamer zur Ausführung gebracht werden, je mehr es gelingt, durch die beabsichtigte Reform dem Gesetz selbst einen befriedigenden Inhalt zu geben.

Die hier aufgestellten allgemeinen Ansichten sollten die Grundlage darbieten für die nachfolgende Erörterung der einzelnen Bestandtheile des beabsichtigten vollständigen Gesetzes über die Ehescheidungen. Dieses Gesetz hat einen dreifachen Gegenstand: die Scheidungsgründe, das Verfahren bei der Scheidung, und die Folgen der Scheidung. Zu den drei Abschnitten, die sich hieraus von selbst als nothwendig ergeben, wird dann noch ein vierter hinzuzufügen sein, über die neuerlich vorgenommene Zerlegung des vollständigen Gesetzes in zwei Theile, deren einer schon jetzt eingeführt worden ist, während der andere einer ferneren Erwägung noch vorbehalten bleibt.

Vieles in den aufgestellten Ansichten wird aber sein volles Licht erst in Verbindung mit den besonderen Anwendungen erhalten können, welche davon in den folgenden Abschnitten gemacht werden sollen.

Erster Abschnitt.

Die Scheidungsgründe.

Die Gründe, aus welchen nach dem jetzt bestehenden Recht die Scheidung einer Ehe verlangt werden kann, und deren Fortdauer oder Abänderung nunmehr geprüft werden soll, haben einen sehr verschiedenartigen Charakter, so daß man sie auf drei Klassen zurück führen kann.

Bei einigen derselben ist die auf die Scheidung gerichtete Willkühr, entweder beider Ehegatten zugleich, oder des einen derselben, das vorherrschende, entscheidende Moment für die Scheidung, so daß alle übrige Thatsachen dagegen zurück treten, und nur als entferntere und gleichgültige Veranlassungen betrachtet werden können.

Bei anderen ist die Verschuldung des einen Ehegatten gegen den andern, oder auch eine wechselseitige Verschuldung, das entscheidende Moment. Daß auch in diesen Fällen die Scheidung niemals erfolgt, wenn nicht der Wille des verletzten Theils hinzutritt, versteht sich von selbst, dennoch liegt in der Verschuldung, also in einer äußeren Thatsache, die eigentliche Ursache der Scheidung, und der Wille des Verletzten erscheint nur als die hinzutretende Bedingung, ohne welche jene wahre Ursache im einzelnen Fall nicht wirksam werden kann.

In noch anderen Fällen endlich ist, sowie bei den zuletzt erwähnten, gleichfalls eine äußere Thatsache die wahre Ursache der Scheidung, jedoch eine solche, die nicht als Verschuldung, also nicht als ein Vergehen gegen die mit der Ehe verbundenen Pflichten, betrachtet werden kann. Man kann diese Scheidungsgründe als zufällige bezeichnen, nämlich mit Rücksicht auf die Natur der dabei zum Grund liegenden äußeren Thatsache; denn allerdings kann auch diese Thatsache, ebenso wie bei der vorhergehenden Klasse die Verschuldung, nicht anders zu einer Scheidung führen, als wenn der Wille eines Ehegatten hinzutritt. Es ist schon hier einleuchtend, daß die Scheidungsgründe der dritten Klasse, verglichen mit den beiden ersten, in der allgemeinen Betrachtung, nur eine untergeordnete Wichtigkeit haben, wenngleich manchen derselben, im Zusammenhang der neueren Praxis, ein großer Einfluß zugeschrieben werden muß.

Es giebt hiernach dreierlei Veranlassungen für die Ehescheidung:

1. Willkühr.
2. Verschuldung.
3. Zufall.

Um unser gegenwärtig bestehendes Gesetz über die Scheidungsgründe, nämlich das Allgemeine Landrecht, recht zu verstehen und zu beurtheilen, ist ein genaues Eingehen in die Geschichte desselben nöthig, deren vollständiger Zusammenhang weniger bekannt ist, als bei einem so nahe liegenden und zugleich so wichtigen Gegenstand erwartet werden möchte.

Um die Mitte des achtzehnten Jahrhunderts wurde von dem Großkanzler Cocceji die Ausarbeitung eines allgemeinen Gesetzbuchs für die Preußischen Staaten, unter dem Titel Corpus juris Fridericiani, unternommen. Davon sind zwei Theile im Druck erschienen (1749. 1751.), deren Inhalt den zwei ersten Büchern der Justinianischen Institutionen entspricht; weiter ist das Werk nicht fortgesetzt worden. Auch die abgedruckten Theile sind dem größten Theile nach bloßes Projekt geblieben, und haben keine Gesetzeskraft erlangt. Jedoch wurde ein Stück davon, das Ehe- und Vormundschaftsrecht, nach und nach in folgenden Landestheilen gesetzlich eingeführt: Cleve-Mark, Minden-Ravensberg, Ostfriesland, Meurs, Altmark, Ostpreußen und Litthauen, Westpreußen, Lauenburg und Bütow *). So erhielt also unter andern auch das hierin enthaltene eigenthümliche Recht der Ehescheidungen, welches auf alle spätern Gesetze großen Einfluß hatte, in vielen Theilen des Landes Gesetzeskraft.

Der Inhalt dieses Gesetzes läßt sich auf folgende Bestimmungen zurückführen **).

Die Ehe kann geschieden werden durch Einwilligung beider Theile. Zwar soll ihnen zur bleibenden Vereinigung zugeredet, auch zuerst eine einjährige Trennung von Tisch und Bett versucht werden; bleiben sie aber bei ihrem Willen, so soll dann die Scheidung sogleich erfolgen. — Darin lag ein ganz neues, dem gemeinen deutschen Recht fremdes Prinzip. Die Einwirkung der bloßen Willkühr wird hier von keiner Seite beschränkt, weder durch Prüfung der Beweggründe, noch durch das Erforderniß einer längeren Dauer der Ehe, noch durch die Rücksicht auf etwa vorhandene Kinder.

Die auf der Verschuldung eines Ehegatten gegen den anderen beruhenden Scheidungsgründe werden hier in folgender Weise aufgefaßt und dargestellt, welches genau bemerkt werden muß, weil es auf die spätere Gesetzgebung wichtigen Einfluß gehabt hat:

1. Ehebruch, mit Einschluß des verdächtigen Umgangs.
2. Bösliche Verlassung.
3. Tödtliche Feindschaft.

---

*) Kamptz Jahrbücher Bd. 59. S. 146.

**) Von der Scheidung handelt P. 1. Lib. 2. Tit. 3. §§ 35—55.

Dieser letzte Fall bedarf einer genaueren Betrachtung. Die Hauptstelle darüber (§. 35. VII.) lautet so: „Die Ehe kann auch geschieden werden, wenn ein Ehegatte auf den andern eine tödtliche Feindschaft wirft, z. E. wann ein Theil den andern mit Schlägen traktiret; wann ein Theil lue venera laboriret; wann ein Theil dem andern nach dem Leben stehet; wann einer wegen Missethat zur Karren, zum Staupbesen, oder gar zum Tode kondemniret, oder wegen einer infamen That des Landes verwiesen wird ꝛc.“

In einer späteren Stelle (§. 43.) wird hinzugesetzt, daß auch wohl Klagen über geringere Fehler vorkämen, z. B. über Savitien des Mannes, Verschwendung oder Trunkenheit der Frau ꝛc. Hier sollen die Ehegatten nicht sogleich geschieden, sondern zuerst von Tisch und Bett, höchstens auf ein Jahr, getrennt werden (§. 44.). Nach Ablauf dieser Trennungszeit soll nochmals die Güte versucht werden: „in deren Entstehung, und da sich eine Inimicitia capitalis hervorthut, kann die Ehe völlig geschieden werden.“ (§. 54.)

In diesen Bestimmungen ist augenscheinlich folgender Gedanke ausgedrückt. Die tödtliche Feindschaft als Gesinnung oder Seelenzustand des einen Ehegatten, ist nicht etwa der Scheidungsgrund selbst, sondern sie ist vielmehr nur das Kennzeichen und der Maaßstab für die Schwere der Vergehungen des andern Ehegatten, in welchen allein der Scheidungsgrund liegt. Manche dieser Vergehungen sind so beschaffen, daß sie schon für sich allein eine tödtliche Feindschaft erzeugen und rechtfertigen können, weshalb durch sie sogleich die Scheidung bewirkt werden kann (§. 35.). Andere haben für sich allein diesen entscheidenden Charakter noch nicht, sondern erst wenn eine gewisse

Probezeit fruchtlos abgelaufen ist, können sie als Kennzeichen und Rechtfertigung einer Inimicitia capitalis angesehen werden und dadurch die Natur wahrer Scheidungsgründe annehmen (§§. 43. 54.).

Dieses wichtige Gesetz war, wie oben bemerkt worden ist, nur in der einen Hälfte des Landes wirklich eingeführt worden; in den übrigen Provinzen mußte es aber mit der Kraft einer großen Autorität ungefähr eben so wirken, wie wenn es daselbst Gesetzeskraft erlangt hätte.

Kurz nachher erschien für die Kur- und Neumark ein Cirkular, *) welches nicht nur eine ähnliche Vorschrift enthält, sondern sogar eine noch größere Erleichterung darbietet. Den Eheleuten, unter welchen inimicitiae capitales herrschen, sollen (heißt es darin) die Scheidungen, wenn sie solche suchen, nicht schwer gemacht, sondern wenn solche Feindschaft gehörig erwiesen wird, das Band der Ehe sofort unter ihnen, ohne vorhero auf separationem a thoro et mensa zu erkennen, gänzlich aufgehoben werden.

Hier ist also die Scheidung durch gegenseitige Einwilligung selbst von der letzten Schranke, der einjährigen Trennung, befreit. Der erforderte Beweis der Feindschaft ist offenbar ein leeres Wort, da diese Gesinnung an sich gar nicht zu beweisen ist, also dem, der sie zu hegen vorgiebt, auf seine Versicherung wohl geblaubt werden muß. Auch geht aus Prozeß-Akten der nachfolgenden Zeit klar hervor, daß diese unbeschränkte Freiheit in ausgedehntester Weise gebraucht, und von den Gerichten ohne Bedenken anerkannt worden ist.

---

*) N. C. C. Band 1. p. 157. Das Cirkular ist vom 27sten September 1751.

Hierauf folgte das Edikt vom 17ten November 1782., in dessen Eingang mißfällig bemerkt wird, daß die Ehescheidungen in verschiedenen Provinzen sehr überhand nehmen, „und daß selbst einige Gerichte, aus Mißverstand und allzuweiter Ausdehnung der bisher ergangenen Verordnungen in Zulassung solcher Prozesse und in Trennung gültiger Ehen, nicht allemal mit einer der Wichtigkeit der Sache gemäßen Vorsicht und Ueberlegung zu Werke gehen.“ Hieran wird die, schon oben (Seite 17.) mitgetheilte, Darstellung der verderblichen Folgen dieses Zustandes angeknüpft.

Die Veranlassung des Edikts war folgende. Auf einer Reise durch Pommern hatte der König erfahren, daß gegenwärtig sehr viele Ehescheidungsprozesse im Gange seien, besonders in den unteren Ständen. In einer aus Stargard datirten Kabinetsordre vom 4ten Juni 1782. wurde dieses dem Großkanzler mißfällig zu erkennen gegeben, mit dem Auftrag, das Weitere deshalb zu besorgen; dabei wird beiläufig geäußert, daß eigentlich nur sehr wenige Scheidungsursachen für zulässig zu achten seien. — Hierauf entwarf Suarez das Edikt, dessen Eingang und Inhalt dem Sinne jener Aeußerungen des Königs völlig entsprechen, und insbesondere eine entschiedene Umkehr von dem bis dahin eingeschlagenen Wege ausdrücken.

Die wichtigsten Abweichungen dieses Gesetzes von dem früheren sind folgende.

Die Scheidung durch Einwilligung, welche in dem früheren Gesetz, gleichsam als der regelmäßige, schon durch sich selbst gerechtfertigte, Fall voransteht, wird hier erst am Schluß (§. 17.) erwähnt, in der Regel verworfen, und nur als Ausnahme, und zwar mit folgenden namhaften Einschränkungen, zugelassen: „es wäre denn, daß dergleichen

Personen mehrere Jahre hindurch in einer ganz kinderlosen Ehe gelebt hätten, und der Richter zuverlässig versichert sein könnte, daß die Scheidung von beiden Seiten nicht aus bloßem Leichtsinn und Uebereilung, oder durch heimlichen Zwang, sondern aus vollkommenem freien Willen, und nach reifer Ueberlegung gesucht werde."

Die Scheidung wegen Verschuldung wird hier unter denselben Gesichtspunkt gebracht, wie in dem früheren Gesetz. Voran steht auch hier der Ehebruch mit Einschluß des verdächtigen Umgangs, und die bösliche Verlassung, welcher hier die Versagung der ehelichen Pflicht gleich gestellt wird. Darauf folgt als letzter, allgemeinerer Grund im §. 11. der unversöhnliche Haß aus erheblichen Gründen. „Wegen eines aus erheblichen Gründen entstandenen unversöhnlichen Hasses kann eine Ehe rechtmäßiger Weise getrennt werden. §. 12. Als erhebliche Gründe eines solchen Hasses sollen aber nur gelten: Wenn ein Theil dem andern nach dem Leben getrachtet" u. s. w. Dasjenige also, welches früher tödtliche Feindschaft genannt wurde, heißt hier unversöhnlicher Haß, und diese Gesinnung selbst ist nicht sowohl der Scheidungsgrund, als vielmehr der zusammenfassende, energische Ausdruck für diejenigen schweren Verschuldungen des andern Theils, welche als wahre Scheidungsgründe angesehen werden sollen. In der Darstellung dieser Verschuldungen aber verfährt das Edikt von 1782. weit sorgfältiger und vorsichtiger, als das Gesetz von 1749.

Der Entwurf eines allgemeinen Gesetzbuchs für die Preußischen Staaten (1784.) schließt sich darin dem Edikt von 1782. an, daß er die Scheidung durch Einwilligung in der Regel untersagt, und nur ausnahmsweise, bei mehrjähriger unfruchtbarer Ehe, zuläßt (I. 1. §§. 522. 523.). Er versäumt aber, dabei als Bedingung die richterliche Ueberzeugung auszudrücken, daß die Scheidung nicht aus Leichtsinn u. s. w. erfolge. — Weniger scheinbar, in der That aber noch wichtiger, ist die Veränderung, daß der Haß und dessen erhebliche Ursachen, die in den früheren Gesetzen (1749. und 1782.) in unzertrennter Kausalverbindung aufgefaßt waren, nunmehr von einander abgesondert erscheinen. Von dem Haß sagt der §. 522. ganz unbedingt: „Wegen blos einseitig behaupteter unüberwindlicher Abneigung soll keine Ehe getrennt werden.“ Dagegen werden in einer langen Reihe vorhergehender Paragraphen diejenigen Thatsachen, welche früher als Kennzeichen und Rechtfertigungen der tödtlichen Feindschaft oder des unversöhnlichen Hasses aufgefaßt waren, nunmehr als isolirte, selbstständige Scheidungsgründe, auf gleicher Linie mit dem Ehebruch und der böslichen Verlassung, aufgestellt. Es ist möglich, daß dieses ganz ohne bestimmte Absicht geschehen ist, vielleicht blos um die (allerdings unpassenden) Ausdrücke Haß oder Feindschaft zu beseitigen. Es knüpfte sich aber daran die wichtige Folge, daß jede dieser so aufgelösten Thatsachen eine weit größere unabhängige Wichtigkeit erhielt, und weit leichter für eine schon an sich hinreichende Scheidungsursache angesehen werden mußte, als in der früheren Gedankenverbindung. — Wodurch diese Abweichung von dem so kurz vorher erlassenen Edikt entstanden ist, läßt sich aus den handschriftlichen Materialien durchaus nicht erkennen. Schon in den ersten, dem gedruckten Entwurf von 1784. vorhergegangenen Redaktionen, welche in den Akten aufbewahrt sind,*) findet sich dieselbe Abweichung, wie sie aus dem gedruckten Entwurf so eben bemerkt worden ist,

*) Materialien Bd. 8. fol. 217., Bd. 9. fol. 276.

ohne daß irgend ein Grund dafür angegeben wird. Die Verschiedenheit individueller Ansichten kann hierin Nichts erklären, weil diese Redaktionen von demselben Verfasser herrühren, wie das Edikt von 1782., nämlich von Suarez.

Das auf diesen Entwurf gegründete Gesetzbuch (1791.) weicht von demselben lediglich darin ab, daß es die Scheidung durch Einwilligung nur zuläßt, wenn die kinderlose Ehe schon Vier Jahre gedauert hat, oder sonst keine wahrscheinliche Hoffnung mehr zur Erzeugung von Kindern vorhanden ist (II. 1. §§. 717. 718.).

Das Allg. Landrecht endlich, welches noch jetzt als Gesetz über die Ehescheidungen besteht, hat dieselben nach zwei Seiten hin, verglichen mit den vorhergehenden Gesetzen und Entwürfen, sehr erleichtert.

Die Scheidung durch Einwilligung ist dadurch erleichtert, daß für die kinderlose Ehe weder eine mehrjährige, noch eine vierjährige Dauer erfordert wird; ferner darin, daß das Edikt von 1782. eine sichere, positive Ueberzeugung des Richters fordert, es sei kein Leichtsinn u. s. w. vorhanden, anstatt daß das Landrecht blos sagt: „sobald weder Leichtsinn . . . . zu besorgen ist,“ durch welche negative Fassung der Richter von dem genaueren Eingehen in die Umstände mehr abgewendet wird. Endlich ist in dem Ausdruck der, für die ganze Auffassung und Behandlung der Sache wichtige Unterschied, daß die früheren Gesetze und Entwürfe die Scheidung durch Einwilligung als Regel untersagen, und nur als besondere Ausnahme zulassen, anstatt daß das Landrecht sie sogleich als regelmäßige Scheidungsursache zuläßt.

Die Entstehung dieser wichtigen Veränderung ist ganz räthselhaft. In den handschriftlichen Materialien zum Landrecht findet sich ein kleiner Aufsatz von der Hand von

Suarez mit der Ueberschrift: „Anzeige der bei der Revision des Allgemeinen Gesetzbuchs auf Sr. Königl. Majestät Allerhöchsten Befehl erfolgten Veränderungen. Zum Gebrauche für die Besitzer der ersten Auflage“ *). Hier ist nun der §. 716. wörtlich aus dem Edikt von 1782. abgeschrieben, also ungleich ernster und strenger, als er in dem Entwurf von 1784. und in dem Gesetzbuch von 1791. lautet **). Dann aber ist dieser ausführliche §. durchstrichen, und an den Rand der ganz anders lautende kurze §. 716. des Landrechts geschrieben. Von wem, und aus welchen Gründen diese letzte Aenderung, kurz vor dem Abdruck, beschlossen worden ist, erhellt aus den Akten durchaus nicht ***).

Eine zweite wichtige Abweichung des Landrechts von allen früheren Gesetzen und Entwürfen besteht in der Behandlung der einseitigen Abneigung. Es ist schon oben erwähnt worden, daß früher viele einzelne Verletzungen blos in sofern für Scheidungsgründe anerkannt wurden, als sie sich dazu eigneten, in dem dadurch verletzten Ehegatten Haß und Feindschaft in hohem Grade zu erregen. Der Entwurf und das Gesetzbuch stellten zuerst diese

*) Materialien Bd. 88. fol. 146—150.

**) Eben so hatte sich Suarez auch schon in der Revisio monitorum in folgenden Worten ausgesprochen: „ad §. 524. Die mehrsten Monenten ziehen hier die Fassung des §. 17. des Ehescheidungs-Edikts vor, welcher Meinung ich auch beitreten würde.“ Band 80. fol. 66. der Materialien.

***) In Kamptz Jahrbüchern Bd. 41. S. 156—159. findet sich ein Theil der letzten Verhandlungen über die hier einschlagenden Gesetzstellen; sie enthalten aber über die hier bemerkte Veränderung keinen Aufschluß, gehen vielmehr noch auf Beibehaltung des nachher durchstrichenen §.

einzelnen Verletzungen als selbstständige Scheidungsgründe auf, und machten sie dadurch für die Anwendung gefährlicher. Daneben aber sprachen sie den bestimmten Grundsatz aus, daß die einseitige Abneigung an und für sich niemals als Scheidungsgrund gelten solle.

Hierin nun geht das Landrecht einen wichtigen Schritt weiter, als diese vorhergehende Entwürfe. Es nimmt zuerst gleichfalls, eben so wie jene, eine lange Reihe einzelner Verletzungen als selbstständige Scheidungsgründe auf, fügt aber dann noch hinzu, daß, auch ohne eigentlichen gesetzmäßigen Grund, der heftige und tief eingewurzelte Widerwille des einen Ehegatten für sich allein, die Scheidung bewirken solle; jedoch sei in solchem Fall der Gatte, dessen feindliche Gesinnung die Scheidung herbeiführe, für den schuldigen Theil zu erklären (§§. 718ᵃ· 718ᵇ·).

Diese zweite wichtige Neuerung wurde vom Großkanzler v. Carmer mißbilligt, aber von der Gesetzkommission beschlossen. In einem Bericht an den König wird dieselbe in folgender Weise gerechtfertigt*): „Im Titel von der Ehescheidung hat die Trennung der Ehe wegen eines obwaltenden unüberwindlichen Widerwillens etwas mehr erleichtert werden müssen, weil, nach der Meinung des Justiz-Departements, die große Strenge, womit der Höchstseelige König in dem Edikt vom 17ten November 1782. die aus diesem Grunde gesuchten Ehescheidungen, zur Vermeidung des Mißbrauchs, eingeschränkt hatte, die Population verhindern und daher in dieser Rücksicht dem Staate nachtheilig werden dürfe."

*) Carmer's Widerspruch findet sich in den Materialien Bd. 88. fol. 116. Der Beschluß der Kommission ebendas. fol. 114. und 117. (abgedruckt bei Kamptz Jahrb. Bd. 41. S. 158. 159.). Der Bericht an den König ebendas. fol. 125.

So waren also jetzt die in den älteren Gesetzen in unzertrennlicher Verbindung gedachte zwei Elemente der meisten Scheidungsgründe: tödtliche Feindschaft von der einen Seite und erhebliche Veranlassung dazu von der anderen Seite, gänzlich auseinander getrennt, und jedes derselben war für sich allein als ausreichender Scheidungsgrund anerkannt worden. Es ist einleuchtend, daß die schon durch den Entwurf und das Gesetzbuch herbeigeführte Gefahr einer übertriebenen Erleichterung und Vervielfältigung der Ehescheidungen, durch diese neueste Behandlung, wie sie sich im Landrecht findet, verdoppelt werden mußte.

Es sollen nunmehr die im Landrecht aufgestellten Scheidungsgründe, welche das jetzt bestehende Recht bilden, im Einzelnen dargestellt und geprüft werden. Dabei wird die schon oben (S. 24.) angegebene Klassifikation aller Scheidungsgründe überhaupt als Grundlage dienen.

Erste Klasse der Scheidungsgründe.

Willkühr der Ehegatten.

Im Landrecht kommen drei Fälle vor, in welchen der Wille an sich, ohne Rücksicht auf die objektiven Beweggründe, als Scheidungsgrund anerkannt ist: I. Gegenseitige Einwilligung bei kinderlosen Ehen. II. Heftiger Widerwille des einen Ehegatten. III. Ehe eines Mannes unter Achtzehn Jahren mit dem Recht des Widerrufs.

I. Gegenseitige Einwilligung bei kinderlosen Ehen.

Betrachtet man diesen Scheidungsgrund im Allgemeinen, in Beziehung auf die oben dargestellten Gesichtspunkte, so ist es sogleich einleuchtend, daß es mit dem Ernst und der Würde der Ehe durchaus unvereinbar ist, ihr Dasein von der bloßen Willkühr der Individuen eben so abhängig zu machen, wie es bei den das Vermögen betreffenden Verträgen in der That geschieht und geschehen muß. Der höhere, geistige Charakter der Ehe wird dabei offenbar verkannt und entstellt, und dieses ist für die Auffassung derselben so wichtig, daß die nachtheiligen Folgen sich auch auf diejenigen Ehen erstrecken müssen, bei welchen das Landrecht, weil Kinder vorhanden sind, diese Art der Scheidung nicht zuläßt.

Auf der anderen Seite freilich scheint der Rechtsschutz bei der Zulassung jenes Scheidungsgrundes gar nicht gefährdet, da ja demjenigen, welcher einwilligt, kein Unrecht zugefügt werden kann. Allein gerade in dieser sehr verbreiteten Annahme liegt ein großer und gefährlicher Irrthum, da nach aller Erfahrung in solchen Fällen unter dem Schein der freien Einwilligung oft die größte Ungerechtigkeit und Härte gegen die Person des einen Ehegatten verborgen ist. Dieser wichtige Punkt wird sogleich weiter hervorgehoben werden.

Zur genaueren Einsicht in die Natur dieses Scheidungsgrundes ist es vor Allem nöthig, sich davon zu überzeugen, daß derselbe keinesweges eine so einfache und gleichförmige Natur hat, als man in Folge der Benennung desselben anzunehmen pflegt. Erwägt man nämlich die verschiedenartigen Beweggründe, wodurch die Ehegatten zur Erklärung eines solchen gemeinschaftlichen Entschlusses bestimmt werden können, so wird man finden, daß die Scheidungen aus gegenseitiger Einwilligung auf folgende zwei Klassen zurück zu führen sind, die in der That wenig mit einander gemein haben.

Die eine Klasse von Fällen, an welche man gewöhnlich allein denkt, wenn von diesem Scheidungsgrund die Rede ist, bezieht sich auf unglückliche, zerrüttete Ehen, in welchen die Ehegatten oft über Nichts einig sind als darüber, daß sie auseinander kommen wollen. Auch diese Zerrüttung des Verhältnisses kann noch in verschiedenen Gestalten erscheinen. Bald sind es beide Ehegatten, welche einander gegenseitig das Leben verbittern; bald ist es nur der Eine Theil, welcher den anderen, schuldlos leidenden, durch Härte und Lieblosigkeit unglücklich macht, aber in die Scheidung willigt, wodurch dieser unwürdige Zustand geendigt werden soll. Endlich kommt auch der Fall vor, daß bestimmte Scheidungsgründe anderer Art, wie Ehebruch oder Nachstellungen nach dem Leben vorhanden sind, und daß die Form der gegenseitigen Einwilligung nur gewählt wird, um jene Thatsachen zu verhüllen, und das damit verbundene schwere Aergerniß von den Ehegatten selbst und von ihren Familien schonend abzuwenden. Alle diese Fälle, so verschieden sie übrigens sein mögen, kommen darin überein, daß der wahre Zweck der Ehegatten darauf gerichtet ist, aus dieser Ehe, die von ihnen als Leiden und Unglück empfunden wird, heraus zu kommen.

Ganz anders verhält es sich mit einer zweiten Klasse von Fällen. Hier ist kein wirkliches Unglück wahrzunehmen, die Ehegatten haben nicht über einander zu klagen, sie könnten auch ferner in Zufriedenheit zusammen leben, aber der Sinn derselben ist auf ein anderes eheliches Verhältniß gerichtet, das ihnen mehr Annehmlichkeiten des Lebens verspricht. Meist wird es die für eine fremde Person gefaßte Leidenschaft sein, die den bis dahin vorhandenen Frieden der Ehe stört. Zuweilen ist es die Aussicht auf reichere und bequemere Verhältnisse in einer neuen Ehe.

Gründe dieser oder jener Art können gleichzeitig für beide Ehegatten bestimmend sein; weit häufiger aber werden sie sich gerade nur bei Einem Theil, vorzüglich bei dem Ehemann, finden, der andere Theil aber wird aus einem Gefühl von großmüthiger Aufopferung in die Scheidung einwilligen, sehr oft auch durch eine Art von moralischem Zwang bestimmt werden, indem ihm stets vor Augen gestellt wird, daß es nur von ihm abhänge, das Lebensglück des nach Veränderung strebenden Ehegatten herbeizuführen. So wird oft der edlere Theil, dessen Liebe und Selbstverläugnung mißbraucht wird, dahin getrieben, mit zerrissenem Herzen und beschwertem Gewissen in die Scheidung zu willigen. Dann aber ist die Freiheit der Einwilligung nur scheinbar, und in solchen Fällen ist nicht mehr blos die Würde der Ehe durch eine Scheidung dieser Art gefährdet, sondern es liegt in der leichten Zulassung derselben zugleich eine große Härte gegen den edleren Theil. Die zu dieser zweiten Klasse zu rechnenden Scheidungen durch Einwilligung, so verschieden sie übrigens sein mögen, haben das mit einander gemein, daß der wahre Zweck nicht darauf gerichtet ist, aus dieser Ehe, als einem unerträglichen Verhältniß, heraus zu kommen, sondern vielmehr zu einer anderen, schon beabsichtigten, Ehe zu gelangen.

Bei den Verhandlungen über diesen wichtigen Punkt sind die Scheidungen der hier dargestellten zweiten Klasse von keiner Seite in Schutz genommen worden. Auch die Vertheidiger der gegenseitigen Einwilligung haben diese Scheidungen für ein Uebel erkannt, das höchstens geduldet werden müßte, wenn auf keine andere Weise die Scheidungen der ersten Klasse, die der unglücklichen, zerrütteten Ehen, bewirkt werden könnten. Diese aber durch gegen=

seitige Einwilligung zuzulassen, sei durchaus nothwendig, weil es Grausamkeit sein würde, unheilbar zerrüttete eheliche Verhältnisse zwangsweise zusammenhalten zu wollen. Auch die bisherigen Entwürfe und Gesetze haben bei der Zulassung der gegenseitigen Einwilligung stets nur an die Lösung solcher unglücklichen Lebensverhältnisse gedacht, und also keinesweges das bloße Streben nach neuen Ehebündnissen begünstigen wollen. Der Entwurf zum Gesetzbuch §. 524. setzt eine gegenseitige persönliche Abneigung voraus. Im Landrecht steht schon bei dem die Scheidung durch Einwilligung zulassenden §. 716. das Marginal: Unüberwindliche Abneigung. Eben so war bei den dem Landrecht vorhergehenden Verhandlungen über diesen Punkt stets nur von odium implacabile, ohne spes reconciliationis, von gegenseitiger unversöhnlicher Abneigung die Rede *).

Die Gegner der Scheidung durch gegenseitige Einwilligung halten es vor Allem für schlechthin nothwendig, daß der oben geschilderte Mißbrauch derselben zur willkührlichen Herbeiführung einer beabsichtigten anderen Ehe gänzlich beseitigt werde. Sie wollen dagegen auch nicht Leiden erzwingen durch unbedingtes Festhalten unheilbar zerrütteter, unwürdiger Ehen. Sie glauben aber, daß für das wahre und billige Bedürfniß in solchen Fällen ausreichend gesorgt werden könne durch zweckmäßige Behandlung der übrigen Scheidungsgründe, und daß es dazu nicht nöthig sei, eine Scheidung durch gegenseitige Einwilligung in irgend einer Weise zuzulassen. Was insbesondere die Absicht betrifft, in Fällen wirklicher Vergehungen den wahren Scheidungsgrund unter dem Schein der Einwilligung aus

*) v. Kamptz Jahrbücher Bd. 41. S. 157.

Schonung zu verhüllen, so wird von ihnen bemerkt, daß die Rücksicht auf das Zartgefühl von Individuen und Familien nicht hinreiche, eine Maaßregel zu rechtfertigen, wodurch die Sicherheit und Würde einer so hochstehenden Institution, wie die Ehe, gefährdet werde.

In den Diskussionen des Staatsraths bildeten sich diese verschiedenen Richtungen und Grenzen der entgegengesetzten Meinungen so bestimmt aus, daß eine innere Annäherung derselben deutlich hervortrat, und daß darin die gemeinsame Aufgabe anerkannt wurde, eine Vermittelung zu suchen, in welcher die beiden Zwecke ihre Befriedigung fänden: erstlich den oben geschilderten Mißbrauch der gegenseitigen Einwilligung gänzlich zu beseitigen; zweitens für die Lösung der unheilbar zerrütteten Ehen billige Vorsorge zu treffen.

Als Mittel zur Lösung dieser Aufgabe wurden nun folgende Maaßregeln einzeln erwogen. Man kann die Scheidung durch Einwilligung entweder einschränken, oder gänzlich aufheben. Eine Einschränkung kann versucht werden entweder durch begränzende Bedingungen, wie es im Landrecht geschieht, oder durch erschwerende Formen, wie in dem bürgerlichen Gesetzbuch unserer Rheinprovinz.

Die begränzenden Bedingungen unseres Landrechts sind folgende.

1. Die Ehe muß ganz kinderlos sein, und darin ist das Landrecht, eben so wie die vorhergehenden Gesetze und Entwürfe, strenger als das Gesetz von 1749. Man hat darüber gestritten, was unter ganz kinderlos zu verstehen sei; die Vergleichung mit den früheren Gesetzen und Entwürfen, worin dieser Ausdruck in Verbindung mit der mehrjährigen Dauer einer unfruchtbaren Ehe gebraucht

wird, macht es klar, daß sowohl jetzt lebende, als früher verstorbene Kinder aus einer solchen Ehe diese Art der Scheidung ausschließen sollen.

Darin aber ist das Landrecht viel nachgiebiger, als das Edikt von 1782. und die Entwürfe von 1784. und 1791., daß diese theils eine mehrjährige, theils eine vierjährige Dauer der kinderlosen Ehe erfordern, anstatt daß das Landrecht gar keine Zeitgrenze enthält. Daraus folgt, daß jetzt diese Art der Scheidung schon in ganz kurzer Zeit nach geschlossener Ehe zugelassen wird und gesetzlich zugelassen werden muß, weil alsdann die Ehe gewiß noch ganz kinderlos ist.

Der Grund dieser Begrenzung liegt theils darin, daß lebende Kinder in ihren Interessen durch eine solche Scheidung nicht beeinträchtigt werden sollen, theils darin, daß bei früher verstorbenen Kindern aus dieser Ehe mehr Aussicht vorhanden ist, daß auch künftig noch Kinder aus derselben entstehen werden. Diese Gründe können die Bestimmung erklären, aber nicht rechtfertigen. Denn es wird dabei die Würde und Wichtigkeit der Ehe an sich selbst verkannt, welche doch ohne Rücksicht auf Unfruchtbarkeit stets festgehalten werden muß. Außerdem liegt auch in dieser Begrenzung nicht der geringste Schutz gegen den oben geschilderten Mißbrauch dieses Scheidungsgrundes zur bloßen Beförderung einer schon beabsichtigten anderen Ehe. Dagegen muß allerdings anerkannt werden, daß jene Begrenzung sich darin sehr wirksam gezeigt hat, daß dadurch wenigstens die Anzahl der durch die gegenseitige Einwilligung bewirkten Scheidungen sehr viel geringer gestellt worden ist, als sie ohne diese Begränzung gewesen wäre.

2. Es muß weder Leichtsinn oder Uebereilung, noch heimlicher Zwang von einer oder der andern Seite zu besorgen sein. Der Ausdruck Leichtsinn ist hier einer zwiefachen Auslegung empfänglich. Man kann ihn gleichbedeutend nehmen mit der nachfolgenden Uebereilung, so daß dann blos die Fälle ausgeschlossen wären, worin ein augenblicklicher, wahrscheinlich vorübergehender, Wille die Scheidung verlangte. Man kann aber auch den tieferen Sinn darein legen, nach welchem der Beweggrund geprüft werden müßte, also auch der feste dauernde Entschluß zurück zu weisen wäre, wenn dabei eine leichtsinnige Ansicht der Ehe zum Grund läge; in diesem Fall würde dadurch dem oben geschilderten Mißbrauch vorgebeugt sein. Wahrscheinlich ist der Ausdruck in der ersten, wenig schützenden Bedeutung, genommen, theils nach dem ganzen Zusammenhang der Stelle, theils weil er in diesem Sinn mit einer bekannten Stelle des Römischen Rechts übereinstimmt*), die dabei dem Verfasser vorgeschwebt zu haben scheint. Wichtiger ist an sich die in den letzten Worten liegende Hinweisung auf den heimlichen Zwang, dessen häufige und gefährliche Anwendung in solchen Fällen schon oben dargestellt worden ist. Allein auch diese Hinweisung verliert durch die negative Fassung der ganzen Stelle ihre ganze Kraft, da der Richter nicht leicht von selbst dazu kommen wird, dergleichen ungehörige Einflüsse zu besorgen. Anders stand es in dem Edikt von 1782., woraus dieser Theil der Stelle hergenommen ist, und worin die Scheidung nur dann gestattet wird, wenn der Richter die bestimmte, positive Ueberzeugung gewonnen hat, daß solche Einflüsse nicht vorhanden sind.

---

*) L. 3. D. de divortiis (24. 2.)

Die praktische Behandlung dieser scheinbaren Beschränkung besteht darin, daß die angeführten Worte als unschuldige, gleichgültige Ausdrücke des Gesetzes angesehen zu werden pflegen, und daß nach diesen Umständen so gut als gar nicht gefragt wird. In den Worten des Gesetzes liegt jedoch kein Hinderniß für den Richter, auch diesen Bestimmungen eine ernstere Bedeutung zu geben.

Es ergiebt sich aus dieser Prüfung, daß die in dem Landrecht enthaltene begrenzende Bedingungen die oben dargestellte Aufgabe der Vermittelung nicht lösen, ja daß überhaupt auf diesem Wege eine Lösung derselben nicht zu erwarten ist.

Eine zweite Art möglicher Einschränkung der gegenseitigen Einwilligung könnte versucht werden durch erschwerende Formen. Diese Einschränkung (noch verbunden mit begrenzenden Bedingungen) ist im Rheinischen Gesetzbuch Art. 275—294. in folgender Weise ausgeführt.

1. Der Mann muß wenigstens 25, die Frau aber wenigstens 21 und höchstens 45 Jahre alt sein.
2. Die Ehe muß wenigstens 2, höchstens 20 Jahre gedauert haben.
3. Beide Theile müssen in authentischen Urkunden die Einwilligung der Eltern oder der Großeltern in die Scheidung beibringen.
4. Sie müssen mit zwei Notaren persönlich vor dem Gerichtspräsidenten erscheinen und dabei vielerlei Urkunden vorlegen.
5. Dieselbe persönliche Erklärung muß wiederholt werden in der ersten Hälfte des vierten, des siebenten, und des zehnten Monats, und es muß dabei jedesmal die wiederholte Einwilligung der Eltern oder Großeltern in authentischen Urkunden vorgelegt werden.

In der ersten Hälfte des dreizehnten Monats müssen sie abermals persönlich erscheinen und wiederholt die Scheidung nachsuchen. Die Versäumniß einer jeden dieser Formen und Fristen macht alle bisherige Einleitungen wirkungslos.

Außer diesen erschwerenden Formen verordnet das Gesetzbuch noch zwei Folgen dieser Scheidung, die sehr dazu geeignet sind, die Neigung zu derselben zu vermindern. Beide geschiedene Ehegatten müssen nämlich drei Jahre ehelos bleiben (Art. 297.). Sind Kinder aus der geschiedenen Ehe vorhanden, so fällt die Hälfte des Vermögens beider Ehegatten auf die Kinder (Art. 305.).

Es ist einleuchtend, daß diese gehäufte Förmlichkeiten nur in den seltensten Fällen zur Ausführug gebracht werden können. Auch hat es sich in dem unter jener Gesetzgebung lebenden Theil der Rheinprovinz durch die That erwiesen, daß diese Erschwerung einem gänzlichen Verbot fast gleichkommt, indem daselbst binnen 36 Jahren nur 17 Scheidungen dieser Art vorgekommen sind, auf eine Bevölkerung von mehr als zwei Millionen, worunter etwa der fünfte Theil der evangelischen Kirche angehört, also nicht durch das kirchliche Gebot an dem Gebrauch der Scheidung überhaupt verhindert wird.

Für den praktischen Erfolg würde daher durch die Annahme dieser erschwerenden Formen ausreichend gesorgt sein, da sie einem gänzlichen Verbot fast gleichkommt. Dennoch läßt sich dieselbe nicht empfehlen. Die Vertheidiger der Scheidung durch gegenseitige Einwilligung werden sich dadurch gar nicht befriedigt fühlen; ja man würde es, nicht mit Unrecht, für unwürdig erklären, wenn der Gesetzgeber auf indirektem Wege Dasjenige zu verhindern suchte, welches er eigentlich zu verbieten die Absicht hätte. Zugleich ist es einleuchtend, daß in den wenigen Fällen, worin etwa Ehegatten Ausdauer genug hätten, alle jene Formen zu erfüllen, die verwerflichsten Beweggründe bei der Scheidung nicht nur zum Grunde liegen, sondern selbst offen ausgesprochen werden können, so daß durch jene Formen immer nur eine große Verminderung der Zahl der Scheidungen bewirkt, aber durchaus kein Schutz gegen Mißbrauch derselben dargeboten wird.

Wenn nun aus diesen Gründen zur Lösung der vorliegenden Aufgabe sowohl die begrenzenden Bedingungen des Landrechts, als die erschwerenden Formen des Rheinischen Rechts, ungenügend erscheinen, so scheint kein anderer Weg übrig zu bleiben, als die Scheidung durch Einwilligung ganz aufzuheben. Gegen diesen Vorschlag aber sind folgende besondere Gründe geltend gemacht worden, welche die ernstlichste Prüfung erfordern.

1. Man hat gesagt, durch diese Aufhebung würden weit größere Uebel, als die man vermeiden wolle, herbeigeführt werden. Die in ihrer Freiheit beschränkten Ehegatten würden dadurch zum Ehebruch, zum Gattenmord und zu anderen Verbrechen geführt werden, die jetzt durch die freiwillige Scheidung verhütet würden.

Was den Ehebruch betrifft, so ist er bei uns durch jenes Mittel so wenig verhütet, daß der vierte Theil aller Ehescheidungen auf erwiesenen Ehebruch gegründet ist. Gattenmord aber und ähnliche Verbrechen gehören glücklicherweise überall zu den großen Seltenheiten, und werden auch durch diese Veränderung des Gesetzes nicht häufiger unter uns werden.

Beruhigung hierüber kann der Zustand derjenigen Theile unsers Landes geben, worin die Ehescheidungen, theils durch Gesetz (wie in der Rheinprovinz), theils durch Sitte (wie in Westphalen) unter beiden Religionsparteien sehr selten sind, und worin dennoch jene Verirrungen nicht häufiger vorkommen, als da, wo von der Scheidung durch Einwilligung ein häufiger Gebrauch gemacht wird. Eben so verhält es sich mit der katholischen Bevölkerung von Oberschlesien und Posen, worin die Ehesachen vor die geistlichen Gerichte gehören, und daher auf Ehescheidung überhaupt nicht erkannt wird.

2. Wenn ein Ehegatte durch unbezwingliche Leidenschaft zu einer anderen Ehe hingetrieben werde, so sei es besser, für die ehrbare Befriedigung zu sorgen, als Verbrechen und öffentliches Aergerniß herbei zu führen.

Dabei liegt folgender Irrthum zum Grunde. Sittlichkeit zu erzwingen, ja selbst Unsittlichkeit zu verhindern, liegt außer der Macht des Gesetzgebers, und er ist dafür nicht verantwortlich. Seine Macht ist eine negative, versagende, darauf abzweckend, daß nicht die Begriffe von Recht und Unrecht, Gut und Böse, in der Nation geschwächt oder gar verkehrt werden. Giebt der Gesetzgeber diese Macht aus der Hand, so hat er auf sittliche Verhältnisse überhaupt keine sichere Einwirkung. Wenn also eine untreue Neigung auf verbotenem Wege befriedigt wird, so ist dieses, von dem angegebenen Standpunkt aus betrachtet, ein geringeres Uebel, als wenn die rechtschaffene Ehegattin verstoßen wird, und nun die Befriedigung der untreuen Neigung die Ehre und Würde der Ehe annimmt. Dazu kommt aber die wichtige Rücksicht, daß oft gerade der Gedanke an die leichte Erreichung eines solchen Zwecks der aufkeimenden Neigung ihre gefährliche Macht giebt, anstatt daß sie ohne diesen Gedanken vielleicht bezwungen worden wäre. In solchen Fällen also wird das die Scheidung begünstigende Gesetz dem Vorwurf unterliegen, daß es das Uebel nicht blos geduldet und beschützt, sondern selbst erzeugt habe.

Nach langer und sorgfältiger Erwägung aller dieser Gründe und Gegengründe hat der Staatsrath beschlossen, die gänzliche Aufhebung der Scheidung durch gegenseitige Einwilligung in Antrag zn bringen, mit dem Vorbehalt, auf die Fälle der unheilbar zerrütteten Ehen bei der Feststellung der übrigen Scheidungsgründe die angemessene Rücksicht zu nehmen, und eben hierin die Vermittelung der entgegengesetzten Meinungen zu suchen, welche als eine wichtige Aufgabe allgemein anerkannt worden war.

Diese Veränderung des bestehenden Rechts ist in ihrem praktischen Erfolg von großer Wichtigkeit, da, nach den von den Gerichten gesammelten Erfahrungen, gegenwärtig mehr als der fünfte Theil aller Ehescheidungen auf gegenseitige Einwilligung gegründet wird.

II. Heftiger Widerwille des einen Ehegatten.

Der zweite Scheidungsgrund, welcher auf der individuellen Willkühr als solcher beruht, ist als eine ganz neue Bestimmung des Landrechts, im Widerspruch mit allen vorhergehenden Gesetzen und Entwürfen, schon oben in der historischen Uebersicht (S. 33.) erwähnt worden. Diese Bestimmung lautet so, daß die einseitige Abneigung, ohne gesetzmäßige Gründe, in der Regel kein Scheidungsgrund sein soll (§. 717.). Sie soll es aber dennoch sein, wenn der Widerwille so heftig und tief eingewurzelt ist, daß keine Hoffnung zur Aussöhnung übrig bleibt (§. 718 a.). Dann soll jedoch der Ehegatte, der so die Scheidung, ohne gesetzmäßigen Grund, und wider des Andern Willen erzwingt, für den schuldigen Theil erklärt, und in die Scheidungsstrafen verurtheilt werden. — Die früheren Entwürfe (1784. 1791.) hatten, gerade umgekehrt, die unbedingte Unzulässigkeit dieses Scheidungsgrundes, ohne irgend eine Ausnahme, vorgeschrieben.

Gegen die Beibehaltung dieses Grundes sprechen zunächst alle die Bedenken, welche so eben bei der gegenseitigen Einwilligung ausgeführt worden sind. Es kommt aber hier die augenscheinliche Ungerechtigkeit gegen den schuldlosen Ehegatten hinzu, wider dessen Willen die Scheidung durchgesetzt werden soll. Ferner kommt in Betracht, daß eigentlich gar nicht einzusehen ist, wie der Richter zu irgend einer Ueberzeugung von der Wahrheit der Thatsache kommen soll, die blos auf einer Empfindung des Klägers beruht, also diesem auf seine bloße Versicherung geglaubt werden müßte. Deswegen haben Manche seltsamerweise angenommen, die Heftigkeit des Widerwillens müsse dadurch dargethan werden, daß der Scheidungsprozeß durch drei Instanzen durchgeführt werde.

Das Geheime Ober-Tribunal nahm früher an, eine Scheidungsklage könne aus diesem Grunde allein gar nicht angestellt werden; wenn aber aus einem anderen, gesetzmäßigen Grunde geklagt sei, und dieser unerwiesen befunden werde, so könne dann dennoch wegen des Widerwillens geschieden werden. Von dieser, im Gesetz selbst nicht begründeten, Ansicht ist indessen jener Gerichtshof selbst späterhin wieder abgegangen.

Der einzige Grund, welcher im Jahre 1794. für diese Art der Scheidung geltend gemacht wurde, nämlich die Befürchtung, daß außerdem die Vermehrung der Einwohnerzahl aufgehalten werden könnte (S. 33.), wird jetzt wohl keine Vertheidiger mehr finden.

Scheinbarer noch wäre der Grund, welcher in ähnlicher Weise bei der gegenseitigen Einwilligung erwähnt worden ist, daß nämlich diese Scheidung bei einer ganz zerrütteten Ehe nachgesucht werden könnte, vielleicht nur um einen wirklich vorhandenen andern Scheidungsgrund darunter zu verbergen. Allein dieser Fall ist es wenigstens nicht, der in dem angeführten Gesetz vorausgesetzt wird, da außerdem nicht der klagende Theil für schuldig erklärt und in Strafe verurtheilt werden dürfte. Das Gesetz bezieht sich offenbar auf Fälle bloßer, tadelnswerther Willkühr des klagenden Theils. Für Fälle jener Art aber, woran dieses Gesetz in der That nicht denkt, ist auch hier wieder nur durch angemessene Rücksicht bei den folgenden Scheidungsgründen zu helfen, so wie dieses schon bei der gegenseitigen Einwilligung ausgeführt worden ist.

Was endlich die unveränderte Fortdauer dieses Scheidungsgrundes noch unzulässiger macht, ist der Umstand, daß ihn das Landrecht inkonsequenterweise sogar noch mehr begünstigt, als den der Einwilligung, indem es ihn zuläßt, ohne Unterschied, ob Kinder vorhanden sind, oder nicht. Auch findet sich in keiner einzigen fremden Gesetzgebung eine ähnliche Bestimmung.

Der Staatsrath hat das Gewicht dieser Gründe anerkannt, und einstimmig beschlossen, auf die gänzliche Aufhebung dieses Scheidungsgrundes anzutragen.

III. Ehe eines Mannes unter achtzehn Jahren mit dem Recht des Widerrufs.

Unser Landrecht knüpft die Möglichkeit der Ehe bei dem männlichen Geschlecht an das zurückgelegte achtzehnte Lebensjahr.

Davon ist späterhin eine Ausnahme zugelassen worden unter Genehmigung des Vormundschaftsgerichts *), jedoch mit dem Vorbehalt, daß der Ehemann in den ersten sechs Monaten nach zurückgelegtem achtzehnten Jahre die Ehe aufheben könne.

Unter den Scheidungsgünden steht dieser Vorbehalt nicht, er wird daher auch gewöhnlich nicht als ein solcher aufgefaßt. Dennoch ist ihm diese Natur unverkennbar zuzuschreiben, indem ein Verhältniß, welches in jenem Gesetz als eine zulässige gültige Ehe anerkannt wird, hinterher durch einseitige Willkühr wieder aufgelöst werden kann.

Diese eben so unpassende, als dem christlichen Begriff des Ehebandes widerstreitende, Bestimmung hat fast gar keine Anwendung gefunden. Bei den Berathungen hat sich für die Aufrechthaltung derselben keine einzige Stimme ausgesprochen.

Zweite Klasse der Scheidungsgründe.

Verschuldung der Ehegatten.

Es ist schon oben erwähnt worden, daß nur zwei Fälle der Verschuldung ganz allgemein und von jeher in dem gemeinen Eherecht der protestantischen Länder in Deutschland als Scheidungsgründe anerkannt worden sind: der Ehebruch und die bösliche Verlassung. Alle übrige Fälle sind nur aus der Analogie dieser beiden Fälle beurtheilt worden, und die Grenzen der Anwendung sind dabei mehr oder weniger schwankend gewesen.

*) Anhang §. 66. zum Allg. Landrecht II. 1. §. 37.

I. Ehebruch.

Das Landrecht erkennt sowohl den Ehebruch des Mannes, als den der Frau, unbedingt für einen Scheidungsgrund an, und fordert dabei auch keinen strengen Beweis der vollzogenen Handlung (II. 1. §§. 670—673.). An diesen Bestimmungen Etwas zu ändern, ist gegenwärtig keine Veranlassung gefunden worden.

Nur wird dabei im Landrecht noch folgende bedenkliche Bestimmung hinzugefügt. Wenn ein Ehegatte, wegen eines verdächtigen Umgangs des andern, Argwohn schöpft und dazu scheinbaren Anlaß hat, so kann er die gerichtliche Untersagung dieses Umgangs verlangen. Wird gegen dieses Verbot ein vertrauter Umgang fortgesetzt, so kann deshalb auf Ehescheidung geklagt werden (II. 1. §§. 675. 676.). Zu dieser ganz formellen Bestimmung, unabhängig von der ohnehin zugelassenen dringenden Vermuthung der verletzten ehelichen Treue, ist in der That kein Bedürfniß vorhanden, auch ist sie nicht gerade häufig angewendet worden. Dagegen erscheint sie dadurch als gefährlich, daß sie als ein leichtes und bequemes Mittel zur Kollusion von den Ehegatten angewendet werden kann.

Der Staatsrath hat einstimmig beschlossen, die Aufhebung des in diese Thatsache gelegten selbstständigen Scheidungsgrundes in Antrag zu bringen. Dadurch wird es jedoch dem Richter nicht verwehrt, auf Scheidung zu erkennen, wenn er in einem solchen Umgang hinreichenden Grund findet, nach §. 673. eine Verletzung der ehelichen Treue anzunehmen.

II. Bösliche Verlassung.

Es könnte auffallen, daß die bösliche Verlassung, die im heutigen Recht, vor den meisten anderen Scheidungs=

gründen, besondere Schwierigkeit macht und zu großen Mißbräuchen Anlaß giebt, gleich Anfangs bei Ausbildung des gemeinen Rechts über Ehescheidungen unbedenklich zugelassen wurde. Diese Erscheinung erklärt sich daraus, daß damals blos an den seltenen, und daher praktisch wenig wichtigen Fall gedacht wurde, wenn ein Ehegatte sein Vaterland verläßt, so daß entweder sein Aufenthalt völlig unbekannt ist, oder wenigstens die Verfügungen unsrer Gerichte auf ihn nicht einwirken können. Noch im Corpus juris Frid. von 1749. war dieser Fall der einzige woran man dachte, da hier stets eine Ediktalcitation als Einleitung des Scheidungsprozesses vorgeschrieben wird (§. 35. No. VI.), die nur für einen solchen Fall Sinn hat. Erst das Edikt von 1782. §§. 7. 8. beachtet daneben auch den Fall, welcher jetzt der häufigste und wichtigste ist, wenn der Mann die Frau aus dem Hause verstößt und nicht wieder aufnehmen will, oder wenn die Frau den Mann verläßt und die Rückkehr verweigert, sich aber im Bereich unserer Gerichte, vielleicht gar an demselben Ort oder doch ganz in der Nähe, aufhält.

Ohne Zweifel wurde dieser Fall lange Zeit gar nicht als Scheidungsgrund, sondern nur als Gegenstand der Rechtshülfe gedacht, indem der Richter auf Verlangen des verlassenen Theils das gestörte eheliche Zusammenleben durch alle ihm zu Gebot stehende Mittel herstellen sollte. So behandelt die Sache zunächst das Edikt von 1782. a. a. O., und nur wenn alle Zwangsmittel fruchtlos bleiben, oder der abtrünnige Ehegatte von Neuem das Zusammenleben aufhebt, so soll diese Handlungsweise „einer böslichen Verlassung g l e i c h g e a c h t e t werden" (die es also nicht eigentlich selbst ist) und dann zur Ehescheidung führen.

Das Landrecht hat eigentlich nur noch wenige Spur von dieser Behandlung (II. 1. §§. 684—686). Der abtrünnige Theil soll zur Herstellung des Zusammenlebens angehalten werden; worin aber dieses Anhalten bestehe, wird nicht gesagt. Bleibt die richterliche Verfügung fruchtlos, so ist dann die Ehescheidung begründet. Dieses wird nun in der Praxis so ausgeführt, daß auf Antrag des angeblich verlassenen Theils ein Befehl zur Herstellung des ehelichen Lebens erlassen wird. Bleibt dieser Befehl unbefolgt, so wird dann die Ehe geschieden.

Es ist einleuchtend, daß hierin das leichteste und bequemste Mittel liegt, die Ehescheidung durch Einwilligung, auch selbst wenn Kinder vorhanden sind, vermittelst einer Kollusion zu bewirken, indem der eine Ehegatte den anderen, im Einverständniß mit diesem, verläßt, so daß eine bösliche Verlassung (unter welchem Ausdruck doch nur eine eigenmächtige und rechtsverletzende gedacht werden kann) lediglich vorgegeben wird. Diesem sehr bedenklichen Mißbrauch der gesetzlichen Vorschriften zu begegnen, ist eine der wichtigsten und schwierigsten Aufgaben bei jeder Reform des Ehescheidungsrechts.

Die Gesetzkommission hat diesen Zweck durch folgende Mittel zu erreichen gesucht*). Die Herstellung des Zusammenlebens soll auf Verlangen des verlassenen Theils, wo möglich durch unmittelbaren Zwang bewirkt werden. Bleibt dieser Versuch fruchtlos, so ist, als Exekutionsmittel, eine dreimonatliche Haft gegen den abtrünnigen Theil zu verfügen. Erst wenn diese ohne Erfolg vollstreckt ist, oder, wenn die Vollziehung unmöglich ist, erst nach Ablauf eines Jahres, ist die Ehe aus diesem Grund

*) Beilage A. §§. 58—71. besonders §§. 61. 62. 69.

zu scheiden. In einem solchen Verfahren hoffte man eine Sicherung gegen den Mißbrauch dieses Scheidungsgrundes zu finden.

Der Staatsrath ist auf diese Vorschläge nicht eingegangen. Nach dem von ihm festgestellten Gesetz-Entwurf*) soll dem abtrünnigen Theil die Herstellung des Zusammenlebens binnen einer bestimmten Frist von dem persönlichen Richter anbefohlen werden. Erst ein Jahr nach fruchtlosem Ablauf dieser Frist darf eine Scheidungsklage angenommen werden. Die Scheidung ist nicht auf die bloße Thatsache des unbefolgten richterlichen Befehls auszusprechen, sondern nur wenn das Gericht aus den Ermittelungen die Ueberzeugung gewinnt, daß es dem klagenden Theil mit der Herstellung des ehelichen Lebens Ernst ist, der verklagte Theil dagegen in der That hartnäckig widerstrebt, also nicht etwa eine Kollusion dem Scheidungsprozeß zum Grunde liegt. Durch diese Vorschrift erhält also der Richter die Macht, nicht etwa in allen ungehörigen Fällen eine wahre Ehe wiederherzustellen (welches ohnehin gegen den Willen der Parteien nicht möglich ist), wohl aber die nicht gesetzlich begründete Scheidung zu versagen, und dadurch die auf eine andere Ehe gerichtete Absicht zu vereiteln.

Das Landrecht erwähnt noch im §. 687. den besondern Fall, wenn die Anfangs abtrünnige Frau zu dem Manne zurückkehrt; dieser soll sie nicht eher anzunehmen schuldig sein, als bis sie ihren unbescholtenen Wandel nachgewiesen hat. Man hat das so ausgelegt, daß der bloße Mangel eines solchen Beweises, der doch, auch bei wirklicher Unbescholtenheit der Frau, ganz zufällig und

*) Beilage B. §§. 65—72., besonders §§. 68. 72.

schuldlos sein kann, für den Mann als Scheidungsgrund gelten müsse. Dieses kann eben so hart sein für die wirklich unschuldige Frau, als es auf der anderen Seite zu einem bequemen Mittel der Kollusion dienen kann.

Der Staatsrath hat einstimmig beschlossen, auf die Aufhebung dieser Vorschrift anzutragen. Dadurch wird jedoch die allgemeine Befugniß des Richters nicht beschränkt, auf die bloße dringende Vermuthung der verletzten ehelichen Treue die Scheidung auszusprechen (Landr. II. 1. §. 673.).

III. Andere auf Verschuldung eines Ehegatten beruhende Scheidungsgründe.

Außer dem Ehebruch und der böslichen Verlassung enthält das Landrecht noch eine lange Reihe anderer Verschuldungen, deren jede als Grund einer Ehescheidung gelten soll*). Die häufigsten und praktisch wichtigsten dieser Fälle sind diejenigen, welche man mit dem gemeinsamen Namen der Sävitien zu bezeichnen pflegt.

Welche ganz neue und sehr bedenkliche Stellung die Scheidungsgründe dieser Art schon seit dem Entwurf von 1784. eingenommen haben, ist schon oben (S. 30.) nachgewiesen worden. Anstatt daß sie früher blos die Bedeutung hatten, daß durch sie der von dem andern Ehegatten behauptete unversöhnliche Haß (tödtliche Feindschaft) objektiv außer Zweifel gesetzt und zugleich gerechtfertigt werden sollte, erscheinen sie hier, losgerissen von dieser ihrer Folge, als abstrakte, selbstständige Scheidungsgründe. Die fast unvermeidliche Wirkung dieser neuen Stellung in dem

*) A. L. R. II. 1. §§. 694. 695. 699—713.

Gesetz selbst war eine übermäßige Erleichterung der Ehescheidungen in der gerichtlichen Praxis, wie sie seitdem so häufig wahrzunehmen gewesen ist.

Ein einzelnes Beispiel wird dazu dienen, diese sehr nachtheilige Folge anschaulich zu machen. Das Landrecht sagt, Trunkenheit eines Ehegatten solle nicht sogleich zur Scheidung führen. Wenn aber der andere Ehegatte darüber klage, solle der Richter Verfügungen zur Besserung des Schuldigen treffen, und wenn diese Verfügungen Nichts helfen, solle die Scheidung erfolgen (§§. 708—710.). Dieser Fall wird nun in Gerichten sehr gewöhnlich so behandelt, daß zuerst bewiesen wird, der verklagte Ehegatte sei einmal im Zustand der Trunkenheit betroffen worden; der Richter verbietet ihm, sich ferner zu betrinken, und wenn eine Uebertretung dieses Verbots erwiesen wird, erfolgt ohne Weiteres die Scheidung. — Es kann nun wohl ein Ehegatte sich von diesem Laster dergestalt beherrschen lassen, daß er oft und regelmäßig in einen fast thierischen Zustand geräth, allen Anspruch auf Achtung verliert, die Seinigen in Gefahr setzt; in solchen Fällen dürfte sich eine Scheidung wohl rechtfertigen lassen. Dagegen werden einzelne Verirrungen solcher Art gewiß nicht als hinreichende Scheidungsgründe gelten können; besonders wird dabei verkannt, wie oft es dem anderen Ehegatten gelingen kann, durch Geduld und liebevollen Ernst die Besserung zu bewirken, und wie hierin gerade die edelste Wirkung der Ehe besteht, die in solchen Fällen durch eine voreilige, zu sehr erleichterte Scheidung vereitelt werden wird.

Die Gesetzkommission suchte eine Verbesserung der erwähnten Bestimmungen dadurch zu bewirken, daß sie einige Scheidungsgründe dieser Art völlig beseitigte, andere bedeutend modifizirte, überhaupt also auf dem Wege einer materiellen

Verminderung der aus der Verschuldung eines Ehegatten hergeleiteten Scheidungsgründe *).

In den ausführlichen Berathungen des Staatsraths über diesen Gegenstand traten die eigenthümlichen Schwierigkeiten desselben immer deutlicher hervor; man sah ein, daß, wie man auch die im Landrecht anerkannten Scheidungsgründe dieser Art einschränken möge, stets die Gefahr eintrete, entweder zu viel, oder zu wenig zu thun. Diese Gefahr wird durch das bereits angeführte Beispiel der Trunkenheit als Scheidungsgrund anschaulich. Ein anderes Beispiel liegt in den mündlichen Beleidigungen. Das Landrecht läßt diese als Scheidungsgrund bei Eheleuten gemeinen Standes gar nicht zu, bei Personen mittleren und höheren Standes nur wenn sie ohne dringende Veranlassung muthwillig und wiederholt zugefügt werden (§§. 701. 702.). Die Gesetzkommission trug auf gänzliche Aufhebung dieses Scheidungsgrundes an (§. 1. No. 6.). Nun ist es wohl sogleich einleuchtend, daß nicht jede unter Ehegatten vorkommende harte Rede ein Scheidungsgrund sein kann, selbst wenn diese Rede unter fremden Personen vielleicht eine Injurienklage herbeiführen könnte. Auf der andern Seite aber kann durch fortgesetzte mündliche Beschimpfungen, besonders in Gegenwart fremder Personen, ein so hoher Grad ausgesuchter Bosheit an den Tag gelegt werden, daß dadurch der beleidigte Ehegatte vielleicht tiefer verletzt wird, als es selbst durch manche Thätlichkeiten geschehen

*) Die hierauf bezüglichen Anträge der Gesetzkommission finden sich ausgedrückt in der Beilage A. §. 1. No. 3. 6. 7. 8. 9. Das Staatsministerium ist diesen Anträgen größtentheils beigetreten, und hat nur wenige, theilweise die bloße Fassung betreffende, Abänderungen dieser Anträge vorgeschlagen.

könnte. Wie man also hierin die Grenze des Zulässigen und Unzulässigen durch eine allgemeine Vorschrift über die mündlichen Beleidigungen als Scheidungsgrund zu ziehen versuchen möge, so wird stets nach der einen oder der anderen Seite hin ein Unrecht in der Anwendung auf einzelne Fälle zu befürchten sein.

Man gelangte endlich zu der Ueberzeugung, daß auf dem Wege bloßer materieller Verminderung der im Landrecht enthaltenen Scheidungsgründe dieser Art die Aufgabe nicht gelöst werden könne, daß sie vielmehr sämmtlich einem gemeinsamen Prinzip untergeordnet werden müßten. Dieses Prinzip wurde darin gesetzt, daß der Richter bei jeder Verschuldung, die das Landrecht als Scheidungsgrund gelten läßt, zu prüfen haben soll, ob durch sie, nach den Umständen des vorliegenden einzelnen Falles, das eheliche Verhältniß in nicht minderem Grade zerrüttet worden sei, als es durch Ehebruch oder bösliche Verlassung geschehen sein würde*).

Durch diese Behandlung der Sache wird der Grundfehler des Landrechts beseitigt, welcher eben in der Aufzählung der einzelnen, abstrakten Scheidungsgründe besteht, anstatt daß dieselben nunmehr auf einen gemeinsamen Grundsatz zurückgeführt werden. Es liegt darin eine Rückkehr zu den Grundsätzen des gemeinen deutschen Eherechts, worin stets alle Scheidungsgründe nach der Analogie des Ehebruchs und der böslichen Verlassung beurtheilt worden sind. Es liegt aber darin zugleich auch eine Rückkehr zu den Gesetzen von König

*) Dieser Beschluß des Staatsraths ist ausgedrückt in der Beilage B. §. 2. Derselbe ist gefaßt worden, ohne daß es einer Abstimmung bedurfte.

Friedrich II. (1749. und 1782,). Denn wenn die Gesetze die Scheidung wegen der tödtlichen Feindschaft oder des unversöhnlichen Hasses gestatten, in sofern diese Gesinnungen durch bestimmte einzelne Verschuldungen des Gegners motivirt seien, so wollen sie damit nichts Anderes sagen, als daß diese Verschuldungen durch ihren hohen Grad in jedem einzelnen Fall das eheliche Verhältniß gänzlich, und ohne Aussicht auf Herstellung des Friedens, zerrüttet haben müßten.

Endlich wird durch diese Behandlung eine völlige Befriedigung der billigen Ansprüche gewonnen, die bei der Aufhebung der in der gegenseitigen Einwilligung und dem heftigen Widerwillen enthaltenen Scheidungsgründe des Landrechts oben anerkannt worden sind (S. 46. und 48.). Denn wenn in der That ein so unheilbar zerstörtes, unglückliches eheliches Verhältniß vorhanden ist, dessen Lösung bisher durch jene beiden Scheidungsgründe bewirkt werden sollte, so wird das aufgestellte neue Prinzip völlig ausreichen. Es wird dann gewiß nicht an Beleidigungen, Kränkungen, Beschimpfungen, Unverträglichkeit und Zanksucht*) fehlen, deren schwere Beschaffenheit zu prüfen dem richterlichen Ermessen anheim gestellt ist. Die auf diesem Wege gewonnene Befriedigung jener schon oben erwähnten billigen Ansprüche ist auch im Staatsrath allgemein anerkannt worden. Denn nachdem der oben dargestellte Beschluß des neuen Prinzips gefaßt worden war, wurde die bis dahin ausgesetzte Frage vorgelegt, ob der einseitige heftige Widerwille als Scheidungsgrund (§. 718[a].) gänzlich aufgehoben werden solle, und die Aufhebung desselben

*) A. L. R. II. 1. §§. 700—703.

wurde nunmehr einstimmig, ohne allen Widerspruch, beschlossen.

Es sind jedoch hierbei noch einige einzelne Scheidungsgründe besonders zu erwähnen.

1. Die Nachstellungen nach dem Leben (§. 699.) sind von dem aufgestellten beschränkenden Prinzip besonders ausgenommen worden, so daß diese unbedingt, ohne Anwendung des richterlichen Ermessens, als Scheidungsgrund gelten sollen. Diese Handlung, das Konat des Gattenmordes, erschien als eine so tief eingreifende Verletzung des ehelichen Verhältnisses, daß dabei jede beschränkende Bestimmung für unpassend erachtet wurde*).

2. Die Versagung der ehelichen Pflicht als Scheidungsgrund ist bisher in der Praxis als Mittel der augenscheinlichsten Kollusionen angewendet worden. Auch wird von Niemand verkannt, daß es fast immer höchst anstößig sein wird, diesen Gegenstand vor Gericht vorzubringen. Die Gesetzkommission trug daher auf gänzliche Aufhebung jenes Scheidungsgrundes an **).

Der Staatsrath beschloß Anfangs gleichfalls diese Thatsache als selbstständigen Scheidungsgrund ganz aufzugeben.

---

*) Beilage B. §. 2. Hier werden aus dem §. 699. nur die lebens- oder gesundheitsgefährlichen Thätlichkeiten der richterlichen Beurtheilung unterworfen, nicht das Trachten nach dem Leben, welches also ein unbedingter Scheidungsgrund bleiben soll. Der Grund des Unterschieds liegt darin, daß solche Thätlichkeiten auf einer bloßen Uebereilung beruhen, und durch bald folgende Reue ausgeglichen werden können, anstatt daß das Trachten nach dem Leben nicht ohne Ueberlegung und Vorbedacht geschehen kann.

**) Beilage A. §. 1. No. 3.

Nachdem aber das erwähnte neue Prinzip angenommen worden war, fand man dasselbe auch auf diesen Scheidungsgrund anwendbar, indem allerdings Fälle vorkommen können, worin jene Thatsache als Folge und Kennzeichen einer ganz gehässigen, lieblosen Gesinnung, ohne Aussicht auf Besserung, angesehen werden muß. Die Vorschriften über das Verfahren werden dafür zu sorgen haben, daß dieser Scheidungsgrund nicht ferner zur Kollusion mißbraucht werden könne.

Es ist übrigens zu bemerken, daß das Corpus juris Frid. (1749.) diesen Scheidungsgrund gar nicht enthält, und daß ihn das Edikt von 1782., welches ihn zuerst aufführt, nicht unter die Gründe des unversöhnlichen Hasses rechnet, sondern vielmehr der böslichen Verlassung gleichstellt.

3. Wenn ein Ehegatte wegen grober Verbrechen harte und schmähliche Zuchthaus- oder Festungsstrafe erleidet, so liegt darin nach dem Landrecht (§. 704.) für den andern Ehegatten ein Scheidungsgrund. In der That ist dieser Fall mit der böslichen Verlassung zu vergleichen, da eine solche Strafe das eheliche Zusammenleben, und zwar durch Verschuldung des Sträflings, unmöglich macht. Daher hatte die Gesetzkommission diesen Scheidungsgrund unberührt gelassen, welches seine unbedingte Fortdauer zur Folge gehabt haben würde.

Nachdem jedoch das neue Prinzip angenommen worden war, beschloß der Staatsrath, demselben auch diesen Fall zu unterwerfen. In der That können Fälle vorkommen, worin eine Scheidung aus diesem Grunde nicht gerechtfertigt sein würde. Wenn z. B. die Ehegatten wegen eines gemeinschaftlichen Verbrechens zum Zuchthaus verurtheilt werden, so ist kein Grund zur Scheidung nach beendigter Strafe vorhanden. Eben so, wenn zwar der Mann allein das Verbrechen beging, und die Strafe erleidet, die Frau aber das Verbrechen gewußt und gebilligt, und an den Vortheilen desselben Theil genommen hat.

Dritte Klasse der Scheidungsgründe.

Zufällige Umstände.

Dahin gehören folgende, im Landrecht anerkannte Gründe:

I. Unvermögen zur Leistung der ehelichen Pflicht und andere unheilbare körperliche Gebrechen*).

In sofern das Unvermögen schon vor der Ehe vorhanden war, liegt darin ein Grund, die Ehe als ungültig anzufechten. Hieran Etwas zu ändern, konnte nicht die Absicht sein; von Scheidung ist dabei nicht die Rede.

Entsteht aber ein solcher Zustand, und eben so irgend eine unheilbare Krankheit, erst während der Ehe, so ist es gegen die Natur der Ehe, deshalb eine Scheidung zu gestatten; besonders einleuchtend ist dieses, wenn etwa das Unvermögen bei dem Manne durch Wunden im Kriege, bei der Frau durch ein unglückliches Wochenbett, bei einem oder dem andern Theil durch hohes Alter eintritt, welcher letztere Grund bei jeder Ehe, wenn sie lange genug dauert, von selbst eintreten wird.

Der Staatsrath hat einstimmig beschlossen, auf die Aufhebung dieses Scheidungsgrundes anzutragen.

*) A. L. R. II. 1. §§. 696. 697.

II. Raserei und Wahnsinn *).

Es giebt kaum irgend einen Scheidungsgrund, bei welchem so starke Gründe für und wider die Zulässigkeit angeführt werden können.

Gegen die Zulässigkeit spricht zunächst der Grund, daß es zu dem edelsten Wesen der Ehe gehört, das Unglück, wovon ein Ehegatte betroffen wird, in treuer Gemeinschaft zu tragen, und daß davon bei dem Wahnsinn eben so, wie bei schweren Krankheiten, Anwendung denkbar ist. Ferner der andere Grund, daß die Unheilbarkeit des Wahnsinns nie mit Sicherheit festgestellt werden kann, und daß, wenn in der That eine Heilung eintritt, die in der Zwischenzeit ausgesprochene Scheidung als eine nicht zu rechtfertigende Verletzung gegen den Geheilten erscheint.

Für die Zulässigkeit dagegen spricht die eigenthümliche Natur des Wahnsinns, verglichen mit eigentlichen Krankheiten. Bei diesen ist es stets möglich, das Leiden durch treue, liebevolle Pflege zu erleichtern. Bei dem Wahnsinn dagegen wird es meist dem gesunden Gatten gar nicht gestattet sein an der Pflege Theil zu nehmen, vielleicht selbst nicht ihn zu sehen, so daß er persönliche Pflichten, selbst bei dem besten Willen, gar nicht wird erfüllen können.

Die Gesetzkommission trug darauf an, diesen Scheidungsgrund ganz aufzuheben **).

Der Staatsrath hat beschlossen, die Beibehaltung desselben in Antrag zu bringen, ihn jedoch dahin zu beschränken, daß seit der Rechtskraft der Wahnsinnigkeits-Erklärung ein Jahr verflossen und der Wahnsinn durch zwei sachverständige Aerzte für unheilbar erklärt sein müsse, ehe die Scheidung ausgesprochen werden könne ***).

*) A. L. R. II. 1. §. 698.

**) Beilage A. §. 1. No. 5.

***) Beilage B. §. 92.

Zweiter Abschnitt.

Das Verfahren.

Es ist schon oben bemerklich gemacht worden, daß die Ehe, außer ihrem rechtlichen Charakter, auch noch einen mehr innerlichen und geistigen an sich trägt, und daß eben in dieser ihrer zwiefachen Natur der Hauptgrund der Schwierigkeit liegt, welche in der Behandlung des ehelichen Verhältnisses, sowohl für den Gesetzgeber als für den Richter, wahrzunehmen ist (S. 5. 6.). Schon hieraus muß es einleuchten, daß für das gerichtliche Verfahren in Ehesachen, vorzugsweise vor anderen Rechtsstreitigkeiten, eine ernste und würdige Form Bedürfniß ist, weil nur dadurch der rein menschlichen Seite der Ehe die gebührende Anerkennung widerfahren kann.

Es tritt aber zu dieser allgemeinen Betrachtung noch ein besonderer, mehr praktischer Grund hinzu, wodurch für die Einrichtung des Eheprozesses eigenthümliche Bedürfnisse entstehen, so wie sie sich bei keiner anderen Art von Rechtssachen finden. Unser Landrecht, wenngleich es der individuellen Freiheit bei der Ehe einen zu großen Spielraum läßt, ist doch weit entfernt, das Prinzip der bloßen Willkühr anzuerkennen, indem es vielmehr für die Ehescheidungen den Grundsatz an die Spitze stellt, daß sie nicht anders als aus sehr erheblichen Ursachen stattfinden sollen (II. 1. §. 669.), und dann, in Anwendung dieses Grundsatzes, diejenigen äußeren Thatsachen aufzählt, welche allein als hinreichend erhebliche Ursachen anzusehen seien. Demnach steht bei der Ehescheidung dem freien Willen der Parteien ein anderes, durch das Gesetz anerkanntes Interesse, das öffentliche Interesse, gegenüber, welches von dem individuellen Willen unabhängig gehalten werden soll. Gesetzt nun, der übereinstimmende Wille der Parteien stehe im einzelnen Fall mit jenem öffentlichen Interesse im Widerspruch, das heißt, sie wollten eine Scheidung bewirken, wo ein gesetzlicher Scheidungsgrund nicht vorhanden ist, so liegt die Gefahr sehr nahe, daß sie den Richter über den Mangel des Scheidungsgrundes zu täuschen suchen werden; solche Täuschungen nennen wir Kollusionen, indem sie auf einer gemeinschaftlichen Thätigkeit beider Ehegatten beruhen.

Von diesen Kollusionen ist im Laufe der gegenwärtigen Berathungen vielfach die Rede gewesen, und die Erfahrung aller Gerichte bezeugt es, wie häufig dieselben angewendet werden. Sie kommen übrigens in verschiedener Gestalt vor: bald indem eine äußere Thatsache selbst erdichtet wird, z. B. wenn Sävitien vorgegeben werden, die in der That nicht vorgefallen sind, bald indem die äußere Thatsache wahr ist, ihr aber eine falsche Bedeutung angedichtet wird, z. B. wenn, bei einer Scheidungsklage wegen böslicher Verlassung, die Frau das Haus des Mannes wirklich verlassen hat, aber nicht um dessen eheliches Recht zu verletzen, sondern in Uebereinstimmung mit ihm, um eben die Scheidung herbeizuführen. In beiden Fällen ist es gleichmäßig auf die Täuschung des Richters abgesehen, und es werden nur verschiedene Mittel zu diesem Zweck angewendet.

Die Aufgabe des Richters wird nun darin bestehen, sich vor diesen Täuschungen zu verwahren. Damit aber stehen die Regeln unsres jetzt geltenden Prozeßverfahrens so sehr im Widerspruch, daß sehr häufig der Zweck der

Kollusionen erreicht wird, ohne daß dabei den Richter auch nur der Vorwurf der Sorglosigkeit trifft.

Es besteht nämlich die allgemeine Regel, daß jede von einem Kläger behauptete Thatsache, wenn sie der Beklagte ausdrücklich einräumt (Geständniß), als wahr angesehen werden muß. Eben so wird sie als wahr angesehen, wenn der Beklagte jede Erklärung auf die behauptete Thatsache verweigert oder unterläßt (Kontumaz). Derselbe Erfolg wird endlich herbeigeführt durch die Eidesdelation, wenn nämlich der Beklagte den zugeschobenen Eid nicht etwa ableistet (wodurch die Thatsache widerlegt sein würde), sondern ausdrücklich, oder durch unterlassene Erklärung, verweigert. Diese Folgen des Geständnisses, der Kontumaz, und des zugeschobenen Eides, haben also ganz dieselbe Natur, und lassen sich insgesammt auf den Begriff des Geständnisses zurück führen. Insbesondere ist es ein bloßes Mißverständniß, wenn man glaubt, daß in diesem Zusammenhang der Eid, durch seine Wirkung auf das religiöse Gefühl, einen höheren Grad von Gewißheit hervorbringen könne, also vor jener Gefahr mehr Schutz gewähre; denn auch der Eid erscheint hier lediglich als das indirekte Mittel, um ein einfaches Geständniß (ohne Ableistung irgend eines Eides) herbei zu führen.

Alle diese, die richterliche Ueberzeugung bindende Thatsachen haben in gewöhnlichen Rechtssachen, z. B. bei einer Schuldklage, nicht das geringste Bedenken. Denn wenn der Beklagte die Schuld einräumt, so muß sie der Richter schon deshalb unbedenklich als wahr annehmen, weil es ja auch in der Macht des Beklagten steht, wenn die eingeklagte Schuld nicht vorhanden wäre, eine gleiche Schuld jetzt neu zu übernehmen. Der Grund der unbedenklichen Wirksamkeit aller jener Beweismittel liegt also darin, daß hier lediglich von dem Widerstreit der Interessen zweier Parteien die Rede ist, und daß neben diesem Widerstreit, also so weit sie einig sind, der Richter gar keinen Beruf hat, sich in ihre Verhältnisse einzumischen und ihre Freiheit zu beschränken.

Ganz anders verhält es sich bei der Scheidungsklage, in welcher dem Willen der Parteien das davon unabhängige öffentliche Interesse gegenüber steht. Wenn hier jene Beweismittel ihre gewöhnliche unbeschränkte Kraft behalten, so ist, ihnen gegenüber, das öffentliche Interesse, welches ein blos ideales Dasein hat, und nicht als Partei persönlich vertreten wird, völlig schutzlos, und es steht ganz in der Macht der Parteien, durch Kollusion ihren Zweck, gegen den wahren Inhalt des Gesetzes, zu erreichen, selbst wenn der Richter die unredliche Absicht durchschauen sollte. Dieser Zustand ist fast schlimmer, als der einer gesetzlich anerkannten, nur etwa durch Formen beschränkten, willkührlichen Ehescheidung, weil er die Parteien zu einem wahrheitswidrigen Benehmen verleitet, und zugleich das Ansehen des Gesetzes und der Gerichte untergräbt.

Während der neuesten Verhandlungen ist hin und wieder die Meinung geäußert worden, als sei diese Besorgniß vor den Kollusionen theils sehr übertrieben, theils ein ganz neuer Gedanke, dessen Richtigkeit eben deshalb bezweifelt werden könne, weil dieselbe Gefahr sonst schon früher hätte anerkannt werden müssen. Sie ist aber in der That in ihrer ganzen Stärke und schon vor der Vollendung des Landrechts, von einem Mann anerkannt worden, welcher in der Preußischen Justiz lange Zeit eine sehr würdige Stelle eingenommen hat, wie dieses aus folgender, in den Akten niedergelegten Bemerkung von Suarez erhellt *): „Herr von Gr. meint:

„Entweder müsse man die Scheidung ex mutuo consensu zulassen, oder man müsse die Theorie des kanonischen Rechts beibehalten, daß die von dem einen Theile allegirte causa divortii weder durch Zugeständniß, noch durch Eidesdelation erwiesen werden könne, weil sonst eine Eludirung des Gesetzes zu leicht möglich sei, und die Gesetzgebung darüber zum Gespötte werde.“

Suarez beruhigt sich mit der Bemerkung:

„Aber durch die genommenen Maaßregeln wird ihnen doch solches (ihren Zweck durch collusiones zu erreichen) sehr erschwert.“

Worin diese erschwerenden Maaßregeln bestehen, sagt er nicht, und die Erfahrung der ganzen nachfolgenden Zeit hat ihn hierin völlig widerlegt.

Das Dasein dieser Uebelstände, so wie das dringende Bedürfniß der Abhülfe, ist in der Gesetzkommission, wie im ganzen Staatsrath einstimmig anerkannt worden, und auch wegen der Mittel zur Abhülfe sind getheilte Meinungen nicht sowohl über die zu erlassenden Bestimmungen selbst, als über deren vorsichtige Fassung, entstanden. Folgende Uebersicht wird den Gang der Verhandlungen über diesen Punkt anschaulich machen.

1. Geständniß.

Man war einverstanden darüber, daß dieses nicht, so wie in anderen Prozessen, vom Richter schlechthin für wahr anzunehmen sei, weil außerdem die Fortdauer jeder Ehe ganz in die Willkühr der Ehegatten gestellt sein würde.

*) Revisio monitorum Band 80. fol. 66. der Materialien des Allg. Landrechts. Das hier erwähnte Monitum selbst steht in den Materialien Band 73. fol. 304.

Auf der anderen Seite würde es eben so unpassend sein, dem Geständniß allen Einfluß auf das richterliche Erkenntniß abzusprechen. Vielmehr besteht die einzig richtige Behandlung der Sache darin, daß der Richter, nach freier Erwägung aller Umstände, die Glaubwürdigkeit des Geständnisses zu beurtheilen haben wird*).

2. Kontumaz.

Wenn der Beklagte unterläßt oder verweigert, sich über die Thatsachen zu erklären, welche die Scheidung begründen sollen, so könnte man deshalb diese Thatsachen für eingestanden, und dadurch für erwiesen halten wollen. Diese Annahme ist, nach Preußischem Prozeß, die allgemeine Folge jeder Kontumaz**), und es ist davon stets auch in den Prozessen über Ehescheidung Anwendung gemacht worden.

Es ist jedoch eine nothwendige Folge der dem ausdrücklichen Geständniß entzogenen unbedingten Beweiskraft, daß dieselbe auch nicht dem in der Kontumaz enthaltenen fingirten Geständniß zugeschrieben werden kann. Dann aber ist es eine viel einfachere und natürlichere Behandlung der Sache, die Kontumaz überhaupt, so wie es nach dem gemeinen Deutschen Prozeß in allen Rechtssachen ohnehin geschieht, nicht als Geständniß, sondern als Verneinung der behaupteten Thatsache anzusehen, und daher den gewöhnlichen Beweis dieser Thatsache zu erfordern.

Diese Regel ist denn auch ohne Widerspruch hier angenommen worden***).

---

*) Beilage A. §. 39. Beilage B. §. 43. Die vorsichtigere Fassung in dieser letzten Stelle war schon von dem Staatsministerium vorgeschlagen worden.

**) A. G. O. I. 6. §. 14. I. 9. §. 44.

***) Beilage A. §. 41. Beilage B. §. 47.

3. Eidesdelation.

In allen anderen Rechtssachen hat der Kläger das bestimmte Recht, die der Klage zum Grunde liegenden Thatsachen durch Eidesdelation zu beweisen, mit dem Erfolg, daß der Beweis für geführt angesehen wird, wenn der Beklagte den Eid verweigert, oder sich auf denselben nicht erklärt *).

Auch darin liegt wieder nur die Beweiskraft eines fingirten Geständnisses, und es ist von keiner Seite bestritten worden, daß die Eidesdelation in diesem Sinne und mit dieser Wirkung nicht beibehalten werden könne **).

Dagegen entstanden verschiedene Meinungen über die Frage, ob jeder Eid überhaupt bei dem Beweise der die Scheidung begründenden Thatsache auszuschließen, oder ob der nothwendige Eid zuzulassen sei. Die Gesetz-Kommission schloß sich dem gemeinen Recht darin an, daß sie auch selbst den nothwendigen Eid als Beweis für unzulässig erklärte ***). Der Staatsrath dagegen beschloß, auf die Zulassung des nothwendigen Eides anzutragen, jedoch mit der Einschränkung, daß nur demjenigen der Eid auferlegt werden dürfe, welchem die streitige Thatsache aus eigener Wissenschaft bekannt sein muß †). Auf einen solchen Eid kann jede Partei, für sich oder für den Gegner, antragen; dieser Antrag aber kann nur als zufällige Veranlassung des richterlichen Erkenntnisses auf den nothwendigen Eid gelten, die Beachtung desselben steht in dem freien richterlichen

*) A. G. O. I. 10. §§. 297. 375., I. 13. §. 10. No. 8.

**) Beilage A. §. 40. Beilage B. §. 46.

***) Beilage A. §. 40.

†) Beilage B. §. 44.

Ermessen, und er hat nicht die Natur einer in anderen Prozessen vorkommenden Eidesdelation *).

Alle diese eigenthümlichen Bestimmungen über die Beweisführung betreffen jedoch lediglich diejenigen Thatsachen, wodurch die Scheidung begründet werden soll. Bei den Thatsachen dagegen, welche zur Widerlegung der Scheidungsklage dienen, z. B. wenn der Beklagte eine Aussöhnung behauptet, bleiben die gewöhnlichen Beweisregeln unverändert, so daß dabei Geständniß, Kontumaz und Eid, so wie in anderen Prozessen, einen vollen Beweis bilden **). Der Grund dieser verschiedenen Behandlung liegt nicht etwa darin, daß durch eine solche Ungleichheit die Erhaltung der Ehe einseitig begünstigt, die Scheidung einseitig erschwert werden sollte. Vielmehr ist der Grund darin zu suchen, daß die Besorgniß vor Kollusionen, welche bei den Thatsachen des Klägers die Abweichung von den gewöhnlichen Beweisregeln nothwendig macht, bei den vom Beklagten zur Verhinderung der Scheidung aufgestellten Thatsachen gar nicht vorhanden sein kann, weshalb hier die gewöhnlichen Beweisregeln ungestört zur Anwendung zu bringen sind.

Durch diese eigenthümlichen Vorschriften über den Beweis wird es jedoch dem Kläger oft sehr erschwert, sein vielleicht wohlbegründetes Recht auf Scheidung zu verfolgen, wobei besonders zu erwägen ist, daß in diesen Prozessen häufig solche Thatsachen zur Sprache kommen werden, welche ihrer Natur nach nur wenigen Personen bekannt werden konnten. Soll diese Gefahr für den Kläger vermieden werden, so ist es nothwendig, dem Richter ein

*) Beilage B. §§. 45. 46.

**) Beilage B. §. 50. In der Beilage A. §. 40. ist derselbe Satz enthalten, aber nur indirekt ausgedrückt.

freieres Ermessen in der Beurtheilung des geführten Beweises einzuräumen, ihn also in sofern von den gewöhnlichen Beweisregeln zu entbinden, daß er den Beweis als geführt annehmen kann, auch wenn ein nach den gesetzlichen Regeln vollständig geführter Beweis nicht vorhanden ist. Dadurch würde der Richter in die freiere Lage kommen, in welcher sich Geschworne, oder auch solche Richter-Kollegien befinden, welche durch die Gesetze ihres Landes nicht an eine bestimmte Beweistheorie, sondern nur an ihre frei gebildete Ueberzeugung, gewiesen sind. Diese Bestimmung also würde dazu dienen, die Scheidung nicht zu erschweren, sondern da, wo sie überhaupt begründet ist, zu erleichtern.

Die Annahme einer solchen freien Stellung des Richters in Scheidungsprozessen ist sowohl in der Gesetzkommission, als im Staatsrath, nöthig befunden worden. Nur hat der Staatsrath noch ausdrücklich hinzugefügt, was ohnehin schon gemeint war, daß der Richter zwar ohne gesetzliche Beweismittel die Thatsachen als wahr annehmen, dagegen nicht auch umgekehrt die Thatsachen verneinen dürfe, wenn der Beweis durch gesetzliche Mittel, z. B. durch zwei vollgültige Zeugen, vollständig geführt sei. Dieser Satz ist dadurch ausgedrückt, daß das freie Ermessen des Richters über den geführten Beweis nur eintreten soll in Ermangelung eines nach positiven Beweisregeln vollständig geführten Beweises *).

Diese Aenderung des jetzt bestehenden Verfahrens in Ehesachen führt jedoch unvermeidlich zu einer ferneren Aenderung.

*) Beilage A. §. 38. Beilage B. §. 42.

Alle Ehesachen wurden in den Preußischen Staaten früherhin (so wie in anderen Deutschen Ländern) vor den Konsistorien verhandelt, von welchen sie schon vorlängst an die Obergerichte übergegangen sind, die also darin die ausschließliche Gerichtsbarkeit hatten, ohne Unterschied, ob die Parteien in ihren übrigen Rechtssachen unter den Obergerichten oder den Untergerichten standen *). Dieser Zustand dauerte fort bis zum Jahre 1803.; damals wurde es nöthig gefunden, das Ober-Tribunal von einem Theil seiner Geschäfte zu befreien, welche nunmehr den Obergerichten übertragen wurden. Damit aber nicht wiederum diese wegen Ueberlastung klagen möchten, wurden auch ihnen einige Geschäfte abgenommen, und so kamen damals die Ehesachen, vermittelst einer Delegation, für den größten Theil der Einwohner an die Untergerichte, indem die Obergerichte nur die verhältnißmäßig geringe Zahl von Ehesachen behielten, welche sich auf eximirte Personen bezog **). Diese Veränderung also wurde nicht etwa im Interesse der Ehesachen selbst vorgenommen, als ob eine solche Einrichtung als zuträglicher für dieselben angesehen worden wäre, sondern ganz beiläufig und nur im Zusammenhang mit allgemeineren Anordnungen zur zweckmäßigen Vertheilung der gerichtlichen Geschäfte.

Es ist einleuchtend, daß diese Einrichtung mit der beabsichtigten freien Stellung der Gerichte in Beurtheilung der Thatsachen ganz unvereinbar ist, da eine so gefährliche Macht wohl hochstehenden Richter-Kollegien anvertraut werden kann, welche durch ihre Stellung hinreichende Ge-

*) A. G. O. I. 2. §. 128.

**) Verordnung vom 13ten März 1803. §. 7. (Rabe Sammlung Bd. 7. S. 322.) Der Inhalt derselben ist aufgenommen in den Anhang der A. G. O. §§. 35. 288.

währ gegen Mißbrauch darbieten, aber nicht einer großen Zahl von einzeln stehenden Unterrichtern, und selbst von kleinen Untergerichts-Kollegien, bei welchen auch schon die einzelne Person zu großen Einfluß ausübt, als daß nicht bei der Ausübung jener großen Freiheit oft Mißbräuche zu besorgen sein möchten. Die einfachste und natürlichste Maaßregel zu Verhütung solcher Uebelstände besteht nun in der Rückkehr zu dem vor dem Jahre 1803. bestehenden Zustand, d. h. in der Rückgabe aller Ehesachen an die Obergerichte, ohne Rücksicht auf den persönlichen Stand der Parteien.

Für diese Veränderung spricht aber auch der zweite Umstand, daß der Ernst und die Würde, welche bei der Behandlung der Ehesachen vorzugsweise vor anderen Rechtssachen unentbehrlich sind (S. 63.), bei kleinen Untergerichten nicht erwartet werden können.

In Erwägung dieser Gründe ist der Staatsrath einstimmig dem Vorschlag der Gesetzkommission beigetreten, die Befugniß zur Entscheidung der Ehesachen den Obergerichten zurück zu geben *).

Das wichtigste Bedenken gegen diesen Beschluß konnte darin gefunden werden, daß die Parteien oft weit entfernt von ihrem Obergericht wohnen werden, wodurch ihnen der Rechtsweg, besonders im Fall der Armuth, sehr erschwert zu sein scheint. Allein jener Beschluß betrifft zunächst nur das Erkenntniß in Ehesachen, nicht die Instruktion derselben, bei welcher letzten allein die persönliche Lage der Parteien betheiligt ist. Das Obergericht wird nun, mit billiger Beachtung aller Umstände, in jedem einzelnen Fall zu erwägen haben, wie diese Instruktion am zweck-

*) Beilage A. §. 3. Beilage B. §. 4.

mäßigsten einzurichten ist. Finden sich die Parteien in bedeutender Entfernung, so wird in der Regel die Instruktion einem in ihrer Nähe wohnenden richterlichen Beamten kommissarisch aufgetragen werden, gewöhnlich dem persönlichen Richter der Parteien, wenn dabei nicht etwa besondere Bedenken entgegen stehen.

Der Beschluß des Staatsraths geht dahin, daß sowohl die Leitung der Instruktion, als die Auswahl der dieselbe besorgenden Person, dem freien Ermessen des Obergerichts, welches in der Sache zu erkennen hat, zu überlassen sei, nur mit der Beschränkung, daß stets eine Verhandlung vor versammeltem Gericht Statt finden muß. Wie aber bei dieser Verhandlung auf die persönlichen Verhältnisse der Parteien Rücksicht genommen worden ist, wird sogleich gezeigt werden.

Noch verschieden nämlich von der Instruktion des Prozesses im Allgemeinen ist ein einzelner, gleichfalls die Vorbereitung des Urtheils betreffender, sehr erheblicher Punkt. Es ist schon oben bemerkt worden, daß die Ehesachen vorzugsweise vor anderen Rechtsstreitigkeiten, eine persönliche, rein menschliche Natur haben. Anstatt daß in anderen Prozessen der Zweck einer gerechten Entscheidung meist gleich gut erreicht werden kann, die Prozeßhandlungen der Parteien mögen in eigener Person oder durch Stellvertreter vorgenommen werden, in schriftlichen oder mündlichen Erklärungen bestehen, so verhält es sich bei Eheprozessen häufig ganz anders. Die in diesen Prozessen allein vorkommenden sehr wichtigen Kollusionen werden oft blos durch persönlichen Verkehr mit den Parteien zu entdecken und unschädlich zu machen sein. Eben so wird das Gericht die ihm übertragene ganz freie

Beurtheilung der Thatsachen, unabhängig von gesetzlichen Beweisregeln (S. 71.), oft nur unter dieser Voraussetzung mit Sicherheit durchführen können. Endlich ist oft die Versöhnung der streitenden Ehegatten, die hier eine viel wichtigere Bedeutung hat, als der Vergleich in anderen Prozessen, oft nur durch eine solche persönliche Berührung mit denselben möglich.

Aus allen diesen Gründen erscheint es wünschenswerth, ja nothwendig, daß in Scheidungsprozessen eine persönliche Berührung des Richters mit den Parteien, auch unabhängig von dem freien Willen derselben, möglich gemacht werde. Diese persönliche Berührung aber ist auf zweierlei Weise denkbar.

Am wirksamsten wird sie, wenn die Parteien veranlaßt werden können, vor dem erkennenden Richter-Kollegium in Person zu erscheinen, weil dadurch alle eben aufgezählte Vortheile am vollständigsten erreicht werden können. Deshalb hatte die Gesetz-Kommission darauf angetragen, das persönliche Erscheinen der Parteien vor versammeltem Gericht für nothwendig zu erklären, und davon nur in den Fällen Ausnahmen zu gestatten, wenn es wegen Krankheit, Armuth, Entfernung oder aus ähnlichen Gründen, nicht zu verlangen sei *).

Im Staatsrath ist dieser Gegenstand mit großer Sorgfalt behandelt worden. Es wurde gegen jene Nothwendigkeit der Umstand geltend gemacht, daß, auch ohne Rücksicht auf jene äußeren Hindernisse, für Personen aus höheren Ständen, besonders für Frauen, das persönliche Erscheinen sehr hart sein könne, und daher nicht anders gefordert werden dürfe, als wenn es das Ehegericht zur

*) Beilage A. §§. 25. 32.

Erforschung der Wahrheit für erforderlich erachte, oder begründete Hoffnung zur Aussöhnung auf diesem Wege vorhanden sei. Man beschloß, das persönliche Erscheinen in der That nur unter dieser alternativen Voraussetzung für nothwendig zu erklären, daneben aber auch noch die in materiellen Hindernissen gegründeten, schon oben erwähnten Ausnahmen hinzuzufügen *). Auch in dieser Beschränkung kann die Vorschrift als genügend für die oben dargestellten Zwecke angesehen werden.

Außerdem aber wird auch schon die persönliche Berührung mit dem richterlichen Beamten, welcher kommissarisch die Instruktion besorgt, jene Vortheile, wenn gleich in beschränkterem Maaße, mit sich führen können, und dabei fallen alle Gründe hinweg, welche zu beschränkenden Ausnahmen für das Erscheinen vor dem Richter-Kollegium führen mußten. Daher hat der Staatsrath, übereinstimmend mit der Gesetz-Kommission, die unbedingte Nothwendigkeit des persönlichen Erscheinens vor dem Kommissarius ohne allen Widerspruch beschlossen **).

Diese Bestimmungen über das nothwendige persönliche Erscheinen sind, ihrem vollen Zusammenhang nach, allerdings neu; sie schließen sich jedoch an einige Vorschriften des jetzt bestehenden Prozeßrechts an. In demselben ist die allgemeine Regel enthalten, daß in Prozessen jeder Art der Richter auf das Erscheinen der Parteien in Person alsdann zu dringen befugt ist, „wenn es zur Ausmittelung der Wahrheit durchaus erforderlich ist" ***) Daß von dieser Vorschrift wenig Anwendung gemacht wird, ist ein-

*) Beilage B. §. 23.

**) Beilage A. §§. 32. 33. Beilage B. §§. 26. 27.

***) A. G. O. Anhang §. 1. (zu I. Einl. §. 12.).

zuräumen; es liegt aber in der oben dargelegten eigenthümlichen Natur der Ehesachen, daß bei diesen mehr als bei allen anderen Prozessen das Bedürfniß einer solchen Anwendung anzuerkennen ist. — Bei den Scheidungsprozessen insbesondere ist in der G. O. vorgeschrieben, daß bei dem gerichtlichen Sühneversuch die Parteien sich schlechterdings persönlich einfinden müssen, und daß der Richter den Grund der Entzweiung erforschen, und durch Vorstellungen und Ermahnungen auf die Gemüther persönlich einwirken soll. Dieses stimmt im Wesentlichen mit dem Inhalt der jetzt vorliegenden Entwürfe überein, obgleich das Erscheinen vor dem versammelten Ehegericht dabei nicht erwähnt ist*).

Die eigenthümliche Behandlung der Eheprozesse gründet sich darauf, daß in ihnen, außer den Rechten und Ansprüchen der Parteien, wie sie in allen übrigen Prozessen vorkommen, noch eine andere Rücksicht obwaltet, die auf das öffentliche Interesse bei Erhaltung der Würde der Ehe als einer von aller Privatwillkühr unabhängigen Institution. Die Erwägung dieses öffentlichen Interesse führte auf die Gefahr der Kollusionen, und dadurch auf das Bedürfniß, gewisse sonst geltende Beweismittel auszuschließen, und dem Richter eine freiere Stellung zu übertragen. Alle diese Maaßregeln aber werden nur unvollständige Hülfe gewähren, wenn nicht jenes öffent-

*) A. G. O. I. 40. §§. 22—25. 29. 38. Bei nicht eximirten Parteien geschieht diese gerichtliche Handlung durch den persönlichen Richter, also vor Anstellung der Klage am Obergericht; bei Eximirten wird sie von demselben Kommissarius vorgenommen, der überhaupt die Klage instruirt (§. 38.).

liche Interesse geradezu als Partei anerkannt, also im Prozeß selbst personifizirt wird.

Das Bedürfniß und der Vortheil einer solchen Einrichtung ist vom Staatsrath, übereinstimmend mit der Gesetzkommission, ohne Abstimmung anerkannt worden *). Es war Anfangs für die das öffentliche Interesse vertretende Person der Name Ehevertheidiger vorgeschlagen worden; dieser wurde aber gegen den Namen Staats-Anwalt vertauscht, weil jener Name zu dem Mißverständniß führen konnte, als sollte dieser Beamte die Aufrechthaltung jeder einzelnen Ehe zu bewirken suchen. Er ist aber vielmehr dazu berufen, das Recht und die Würde der Ehe im Allgemeinen zu vertreten, und dieser Beruf wird ihn dazu führen, nur den unbegründeten Scheidungsklagen zu widersprechen, bei den zweifelhaften aber die Ermittelung der Wahrheit zu überwachen und zu befördern.

Alle bisher dargestellte Reformen des Eheprozesses stehen unter sich im genauen Zusammenhang; sie alle haben ihren Ursprung in dem gemeinsamen Gedanken, das Wesen der Ehe in seiner Reinheit zu erhalten, und gegen die Eingriffe individueller Willkühr in Schutz zu nehmen.

Daneben sind nun noch einige besondere, das Verfahren betreffende, neue Bestimmungen der vorliegenden Entwürfe zu erwähnen und zu rechtfertigen.

1. Der geistliche Sühneversuch ist schon in den jetzt bestehenden Gesetzen nicht nur vorgeschrieben, sondern auch als ein wichtiger Punkt behandelt **). Wenn derselbe bisher meist geringen Erfolg gehabt hat, so lag dieses großen-

*) Beilage A. §§. 8—11. Beilage B. §§. 7—11.

**) A. G. O. I. 40. §§. 25—27. 48. A. L. R. II. 1. §§. 727. 730.

theils an der Mangelhaftigkeit des Eherechts überhaupt, welche auch auf diesen Theil des Verfahrens schwächenden Einfluß ausüben mußte.

In den vorliegenden Entwürfen ist diesem Versuch zur Herstellung des ehelichen Friedens besondere Aufmerksamkeit gewidmet worden, und es wird dabei vorzüglich von folgender neuen Einrichtung guter Erfolg erwartet. Nach den bestehenden Gesetzen hat sich der die Scheidung suchende Ehegatte zunächst an den Richter zu wenden, welcher die geistliche Sühne veranlaßt. Die Erfahrung hat aber gezeigt, daß gerade der Schritt von dem inneren häuslichen Unfrieden zum Anrufen eines Richters, dem der Streit offenbart werden muß, oft allein schon die Folge hat, die Entzweiung unheilbar zu machen. Daher wird jetzt die Vorschrift gegeben, daß vor aller Klage die Vermittelung des Geistlichen nachgesucht werden muß, und daß die Klage nur angenommen wird, wenn der Geistliche die Fruchtlosigkeit der versuchten Sühne bezeugt*).

2. Es ist oben bemerkt worden, daß der in der böslichen Verlassung liegende Scheidungsgrund unter allen derjenige sei, welcher am meisten Gefahr des Mißbrauchs in sich schließe. Der Staatsrath glaubte diese Gefahren nur durch gewisse Prozeßvorschriften vermindern zu dürfen, welche im Wesentlichen darin bestehen, daß zuerst der Ablauf eines Jahres abgewartet werden muß, bevor die Scheidungsklage angenommen wird, und daß es der freien Beurtheilung des Richters überlassen bleibt, das Daseln einer böslichen Verlassung im gesetzlichen Sinn anzunehmen oder zu verneinen, mithin die Scheidung zu verweigern, wenn der Verdacht einer Kollusion vorhanden ist (S. 53.).

*) Beilage A. §§. 13—16. Beilage B. §§. 13—16.

2. Wenn aus einem der minder wichtigen Gründe die Scheidung gesucht und von dem Gericht gegründet befunden wird, so soll dennoch nicht sofort auf Scheidung, sondern zunächst nur auf ein- bis zweijährige Trennung von Tisch und Bett erkannt werden *).

Diese Maaßregel gründet sich auf die durch Erfahrung bestätigte Hoffnung, daß oft die durch das stete Zusammenleben entstandene und genährte Verstimmung aufgehoben werden kann, wenn die faktische Trennung theils einer ruhigeren Erwägung der Verhältnisse Raum giebt, theils den unbefriedigenden Zustand des einsamen Lebens zur Anschauung bringt. Diese Hoffnung wird bestärkt durch die Wahrnehmung, daß jetzt, selbst nach ausgesprochener Scheidung, die Fälle nicht selten sind, in welchen die geschiedenen Ehegatten sich durch eine neue Ehe wieder vereinigen (S. 17.). Was aber hier, selbst nach diesem äußersten Schritt, geschieht, wird ohne Zweifel weit häufiger in Folge einer bloßen Trennung von Tisch und Bett eintreten.

Man könnte gegen dieses Institut die Einwendung versuchen, daß es inkonsequent sei, wichtige und minder wichtige Scheidungsgründe jetzt noch zu unterscheiden, nachdem der neueste Entwurf alle Scheidungsgründe nur unter der Bedingung zugelassen hat, daß sie im einzelnen Fall den wichtigsten (Ehebruch und bösliche Verlassung) gleich kommen **). Allein diese Einwendung wird durch die Erwägung beseitigt, daß die im einzelnen Fall anzuerkennende Gleichstellung oft objektiv sehr zweifelhaft bleiben wird, und daß in solchen Fällen gerade die, auch an sich

*) Beilage A. §§. 75—89. Beilage B. §§. 76—91.

**) Beilage B. §. 2.

schon heilsame, temporäre Trennung, wenn sie ohne Erfolg bleibt, ein Mittel darbietet, die zur Scheidung hinreichende Schwere der vorliegenden Thatsachen mit voller Ueberzeugung zu erkennen.

Die Trennung von Tisch und Bett ist als ein neues Rechts-Institut zu betrachten; sie schließt sich aber ganz an eine Vorschrift der bestehenden Gesetze an, und ist eigentlich nur eine vollständigere Ausbildung derselben. Nach unseren Gesetzen soll nämlich schon jetzt in mehreren Fällen der hier erwähnten minder wichtigen Scheidungsgründe die Scheidung selbst nicht sogleich ausgesprochen, sondern das Urtheil vorerst auf ein Jahr ausgesetzt werden, während welcher Zeit den Ehegatten gestattet wird, getrennt zu leben *). Diese Aussetzung des Urtheils hat eine ähnliche Natur und ganz denselben Zweck, wie die nunmehr beabsichtigte Trennung von Tisch und Bett; der Unterschied liegt darin, daß diese letzte etwas weiter ausgedehnt wird, zugleich aber einen bestimmteren, geordneteren Zustand mit sich führt.

Hin und wieder ist die Meinung geäußert worden, die Reform des Verfahrens in Ehesachen sei nicht nur heilsam und wichtig, sondern auch völlig ausreichend, so daß es unnöthig sei, daneben auch noch die Scheidungsgründe zu reformiren. Diese Meinung aber muß gänzlich verworfen werden.

Ein verbessertes Verfahren kann dahin führen, daß die Gesetze über die Scheidung in ihrer Wahrheit zur Ausführung kommen, und nicht so, wie jetzt, durch häufige Kollusionen verspottet werden. Die Mängel der

*) A. L. R. II. 1. §§. 727—731. A. G. O. I. 40. §§. 45—50.

Scheidungsgesetze selbst kann es aber nicht beseitigen. So lange die Scheidung wegen gegenseitiger Einwilligung, wegen eines heftigen Widerwillens, und wegen so mancher einzelnen, durch kein ernstes Prinzip begränzten Thatsachen gesetzlich anerkannt sind, kann auch das gründlichste Verfahren nicht hindern, daß viele Scheidungen ausgesprochen werden müssen, welche mit dem Ernst und der Würde der Ehe durchaus unvereinbar sind.

Die Reform des Verfahrens sollte sich eigentlich nur auf die Scheidungsklage beziehen in Verbindung mit der gleichzeitig beabsichtigten Reform der Scheidungsgründe. Die Regeln über nichtige und ungültige Ehen bedürfen keiner durchgreifenden Reform, und so scheint dabei auch eine Reform des Verfahrens kein Bedürfniß. Allein die auf Nichtigkeit oder Ungültigkeit einer Ehe gegründeten Klagen haben mit den Scheidungsklagen nicht nur eine unverkennbare innere Verwandtschaft, sondern sie stehen mit denselben auch in einer gefährlichen praktischen Verbindung. Die auf Scheidung abzweckende Kollusion kann nämlich die Form einer Klage auf Ungültigkeit, etwa wegen Zwang oder Irrthum, annehmen, und dadurch ihren Zweck erreichen, selbst wenn die Kollusionen bei der Scheidungsklage durch vorsichtige Gesetze völlig verhütet werden könnten. So ist bekanntlich in dem katholischen Polen früherhin öfters die Nullitätsklage dazu angewendet worden, um in der That dieselben Vortheile zu erlangen, welche durch die in der katholischen Kirche unzulässige Scheidung hätten erlangt werden können.

Aus diesen Gründen hat der Staatsrath, übereinstimmend mit der Gesetzkommission, angenommen, daß die gesammte Reform des Verfahrens nicht auf die Scheidungsklage zu beschränken, sondern gleichmäßig auch auf die Klagen wegen Nichtigkeit oder Ungültigkeit einer Ehe anzuwenden sei.

Dritter Abschnitt.

Die Folgen der Scheidung.

Die natürliche, aus dem bloßen Begriff der Ehescheidung hervorgehende, Wirkung derselben ist die gänzliche Ehelosigkeit beider bisherigen Ehegatten, welche also auch die Möglichkeit einer neuen Ehe für beide Theile in sich schließt. Gegenstand besonderer gesetzlicher Vorschriften können daher nur diejenigen Folgen sein, welche nicht aus dem bloßen Begriff der Ehescheidung folgen, wodurch also jene natürliche Wirkung entweder eingeschränkt, oder durch äußere Zusätze erweitert wird. Eine Einschränkung liegt in der Beschränkung neuer Ehen, eine Erweiterung in den Vermögensstrafen und den Freiheitsstrafen.

I. Beschränkung neuer Ehen.

Die Absicht geht dahin, daß derjenige Ehegatte, durch dessen Verschuldung die Ehe geschieden wird, auf bestimmte Zeit zur Eingehung einer neuen Ehe für unfähig erklärt werden soll.

Nach gemeinem Recht sollte im Fall des Ehebruchs der schuldige Theil lebenslänglich zu einer neuen Ehe unfähig sein; diese Unfähigkeit aber wurde fast überall durch Dispensationen gemildert.

Gegenwärtig ist nur von einer vorübergehenden Beschränkung die Rede; diese aber soll allgemein, im Fall einer jeden die Scheidung herbeiführenden Verschuldung, eintreten.

Die Gründe für diese Maaßregel sind folgende:

1. Der an der Ehescheidung schuldige Theil soll durch die vorgeschriebene Zeit Gelegenheit erhalten, zu ernsterer Besinnung zu kommen, anstatt daß er außerdem die Neigungen und Gewöhnungen, wodurch er die erste Ehe zerstört hat, unverändert in eine kurz nachfolgende neue Ehe mit hinüber nehmen würde.

Gegenwärtig wird oft die neue Ehe schon nach der kürzesten Zeit geschlossen, und es kommen Fälle vor, in welchen dieselbe Person sechsmal, ja noch öfter, durch ihre Schuld geschieden worden ist. Schon der öffentliche Anstand aber wird durch einen so schnellen, unvermittelten Wechsel der ehelichen Verhältnisse verletzt.

2. In den häufigen Fällen, worin die Verletzung der ehelichen Pflichten gerade in der auf eine neue Ehe gerichteten Absicht ihren Grund hat, wird der Reiz zum Unrecht dadurch sehr erhöht, daß die ganz nahe Erreichung des Zwecks in Aussicht steht. Es wird dadurch gleichsam ein Lohn an unrechtmäßige Handlungen geknüpft.

3. So lange eine neue Ehe noch nicht geschlossen ist, bleibt stets eine Wiedervereinigung der bereits geschiedenen Ehegatten möglich, deren nicht seltenes Vorkommen schon oben erwähnt worden ist. Wollte man nun aus diesem Grunde auch die Befugniß des unschuldigen Theils zu einer neuen Ehe durch eine Zwischenzeit beschränken, so würde es dazu an einem gerechten Grunde fehlen, der aber, dem schuldigen Theil gegenüber, allerdings vorhanden, und eben in seiner Verschuldung enthalten ist.

Aus diesen Gründen hat die Annahme des hier erwähnten Grundsatzes, sowohl in der Gesetzkommission, als im ganzen Staatsrath, wenig Widerspruch gefunden. Auch darüber war man mit großer Mehrheit einverstanden, daß diese Beschränkung neuer Ehen durch eine unbedingte Vorschrift, unabhängig von individuellen Dispensationen, auszusprechen sei, weil Dispensationen unvermeidlich zu prinziploser Willkühr in der Anwendung führen müssen, wenngleich der Gesetzgeber die Fälle und Bedingungen derselben in angemessener Gliederung gedacht haben möchte.

Hiernach kam noch hauptsächlich die Länge des vorzuschreibenden Zeitraums zur Frage.

Die Gesetzkommission nahm dafür zwei Jahre an*).

Das Staatsministerium fand dagegen ein erhebliches Bedenken in der für die geringeren Ehescheidungsgründe bereits beschlossenen Trennung von Tisch und Bett, die schon vor der Scheidung doch auch schon eine faktische Ehelosigkeit bewirkt. Dadurch könne es geschehen, daß der Ehegatte, welcher durch Sävitien die Scheidung bewirke, in welchem Fall auf zweijährige Trennung von Tisch und Bett erkannt werden könne, eine vierjährige Ehelosigkeit in der That erleiden müsse, anstatt daß den Ehebrecher, ungeachtet seiner schwereren Verschuldung, nie mehr als eine zweijährige würde treffen können. Um diese Inkonsequenz zu vermeiden, wurde vorgeschlagen, die Zeit der Ehelosigkeit für den schuldigen Theil nach folgendem Unterschied abzumessen:

a) In der Regel solle sie vier Jahre dauern;
b) ausnahmsweise zwei Jahre, wenn der Scheidung eine Trennung von Tisch und Bett vorhergegangen sei.

Der Staatsrath erkannte diese Bedenken als gegründet an, fand aber den vierjährigen Zeitraum zu lang. Es wurde

*) Beilage A. §. 100.

ohne Abstimmung die Auskunft angenommen, daß der Zeitraum überhaupt auf drei Jahre zu bestimmen sei, im Fall aber eine Trennung von Tisch und Bett vorhergegangen wäre, die Zeit dieser Trennung von jenen drei Jahren in Abzug gebracht werden solle *).

Zu dieser allgemeinen Bestimmung über die Beschränkung neuer Ehen für den schuldigen Theil kommt nun noch eine besondere für den Fall des Ehebruchs.

Schon das Landrecht enthält das unbedingte Verbot für den wegen Ehebruchs geschiedenen Ehegatten, eine Ehe mit der Person zu schließen, mit welcher der Ehebruch verübt worden ist **); eine Dispensation wird dabei nicht erwähnt. Späterhin wurden Dispensationen zugelassen, und diese sind dann sehr häufig ertheilt, noch häufiger gehofft und nachgesucht worden. Jede Aussicht aber auf eine neue Ehe solcher Art, sei sie auch nur durch die Erwartung einer Dispensation erregt, wird oft den Reiz zum Ehebruch vorzugsweise erwecken oder verstärken. Daher ist jetzt beschlossen worden, für diesen Fall die Ausschließung aller Dispensationen im Gesetz selbst auszusprechen ***).

II. Vermögensstrafen.

Das Landrecht enthält ausführliche Bestimmungen über die bei der Ehescheidung vorzunehmende Auseinandersetzung des Vermögens der Ehegatten. Dabei sollen den für schuldig erklärten Theil mancherlei Nachtheile treffen, welche als Vermögensstrafen zum Vortheil des unschuldigen Theils zu betrachten sind †).

---

*) Beilage B. §. 104.

**) Allg. Landrecht II. 1. §. 25.

***) Beilage A. §. 101. Beilage B. §. 105.

†) A. L. R. II. 1. §§. 743. u. ff. §§. 766. u. ff., besonders §§. 785. 786.

Hierin eine Aenderung zu treffen, ist gegenwärtig keine Veranlassung vorhanden, und die beabsichtigte Reform des Ehescheidungsrechts führt auf eine solche Aenderung nicht.

Nur eine einzelne Bestimmung bedarf einer Modifikation. Das Landrecht unterscheidet bei den Ursachen der Scheidung schwere und minder schwere Vergehungen und bestimmt hiernach ein verschiedenes Maaß der Vermögensstrafen *).

Nach den neuen Beschlüssen über die Scheidungsgründe schien aber diese Unterscheidung nicht mehr passend, weil eine Scheidung wegen Verschuldung überhaupt nur dann ausgesprochen werden soll, wenn die Verschuldung, nach den besonderen Umständen des einzelnen Falles, die Ehe in nicht minderem Grade zerrüttet hat, als es durch Ehebruch oder bösliche Verlassung geschieht **). Daher ist nunmehr beschlossen worden, jene Unterscheidung des Landrechts aufzugeben, und in allen Fällen nur die höheren Vermögensstrafen des Landrechts eintreten zu lassen ***).

III. Freiheitsstrafen.

Die Gesetzkommission hat hierüber folgende Grundsätze angenommen †).

In allen Fällen, worin eine Ehescheidung wegen Verschuldung eines Ehegatten erkannt wird, hat das Ehegericht zugleich eine Freiheitsstrafe gegen den Schuldigen auszusprechen, ohne Unterschied, ob der andere Ehegatte darauf angetragen hat oder nicht.

---

*) A. L. R. II. 1. §§. 746—750. 785. 786.

**) Beilage B. §. 2.

***) Beilage B. §. 94.

†) Beilage A. §§. 91—99.

Das Maaß dieser Strafe ist verschieden bestimmt für den Ehebruch, für die bösliche Verlassung, und für die übrigen Scheidungsgründe.

Der Zusammenhang dieser Vorschläge mit früheren Gesetzen und Verhandlungen ist folgender.

1. Für den Ehebruch, welcher eine Scheidung bewirkt, hat das Landrecht bereits Freiheitsstrafen in ähnlichem Umfang, wie sie der neue Entwurf enthält, vorgeschrieben *). Daß die Freiheitsstrafe von dem Antrag des andern Ehegatten abhängen soll, wird nicht gesagt; dagegen wird diese Einschränkung für die Vermögensstrafen hinzugefügt **), und hier hat sie den natürlichen Grund, daß Keinem ein Vermögensvortheil gegen seinen Willen aufgedrungen werden kann, welcher Grund bei den Freiheitsstrafen wegfällt. Ein Ministerial-Rescript von 1801. hat jedoch das Landrecht dahin deklarirt, daß auch die Freiheitsstrafen von einem solchen ausdrücklichen Antrag abhängig seien, und daß dieser Antrag vor der rechtskräftigen Scheidung angebracht sein müsse. Die Folge davon ist gewesen, daß die Freiheitsstrafen bei dem Ehebruch völlig verschwunden sind.

Die Frage wegen der Freiheitsstrafe für den Ehebruch kam vor mehreren Jahren, bei den Berathungen über das Strafrecht, im Staatsrath vor, welcher sich damals, und zwar fast ohne Widerspruch, in demselben Sinn erklärte, welcher dem gegenwärtigen Entwurf zum Grunde gelegt ist.

Die Gesetzkommission legt großen Werth auf diese Bestimmung, nicht in der Erwartung, daß der Ehebruch durch die Furcht vor der Strafe sehr vermindert werden

*) A. L. R. II. 20. §§. 1062—1064.

**) A. L. R. II. 20. §. 1061.

würde, sondern um die Wichtigkeit und Verwerflichkeit dieses Vergehens allgemein zur Anschauung zu bringen, und dadurch die Würde der Ehe zu heben, anstatt daß die gegenwärtige gänzliche Straflosigkeit in den unteren Ständen den Ehebruch fast als eine gleichgültige Handlung erscheinen läßt.

2. Bei der böslichen Verlassung wird auf die vorgeschlagene Freiheitsstrafe Werth gesetzt, weil dieser Scheidungsgrund, mehr als jeder andere, die Gefahr der Kollusion mit sich führt, gegen welche die Freiheitsstrafe ein angemessenes Schutzmittel darbietet (S. 52.).

3. Für die übrigen Fälle der Ehescheidung erhält die vorgeschlagene Bestrafung eine besondere Unterstützung darin, daß nach dem neuesten Entwurf die Ehescheidung in diesen Fällen nur noch eintreten soll, wenn die Vergehung als gleich stark mit dem Ehebruch und der böslichen Verlassung befunden wird.

An das bestehende Recht schließen sich diese Strafen in sofern an, als nach demselben die Vermögensstrafen im Fall des Unvermögens in Freiheitsstrafen umgewandelt werden sollen*).

Als der Entwurf des Ehescheidungsgesetzes im Staatsrath berathen wurde, war bereits der Entwurf des Strafgesetzbuchs einer durchgreifenden Revision unterworfen worden. Da nun in diesem letzten auch die Ehebruchsstrafen vorkommen, so beschloß jetzt der Staatsrath, seine Erklärung über die für die Ehescheidung zu bestimmenden Freiheitsstrafen so lange auszusetzen, bis jene Revision des Strafgesetzbuchs vollendet sein würde. In diesem Punkt

*) A. L. R. II. 1. §. 823.

ist daher die Arbeit des Staatsraths einstweilen noch unvollendet geblieben*).

Nach dem Plan der gegenwärtigen Darstellung, welche sich überall an die Beschlüsse des Staatsraths anschließt, kann daher auch eine letzte Erklärung über diese wichtige Frage noch zur Zeit nicht abgegeben werden.

Vierter Abschnitt.

Die neue Verordnung über das Verfahren in Ehesachen.

Am Schluß des vorhergehenden Abschnitts ist bemerkt worden, daß die Vorbereitung des gesammten Ehescheidungsgesetzes auf ein Hinderniß gestoßen ist, welches einen bedeutenden Aufschub zur Folge gehabt hat. Der Staatsrath hat nämlich seine Erklärung über das System der Freiheitsstrafen bis nach vollendeter Revision des Strafgesetzbuchs ausgesetzt, für welche letzte der Zeitpunkt jetzt noch nicht bestimmt werden kann. Zu diesem Grund der Verzögerung kommt aber noch ein zweiter hinzu. Es ergiebt sich aus den drei vorhergehenden Abschnitten, daß das ganze jetzt beabsichtigte Gesetz zwei verschiedenartige Elemente in sich schließt, die man als materielles und formelles Recht unterscheiden kann. Zu dem ersten gehören die Scheidungsgründe und die Folgen der Scheidung (die Beschränkung neuer Ehen und die Strafen), zu dem zweiten das Verfahren; jenes und dieses soll durch das neue Gesetz reformirt werden.

*) Beilage B. §§. 95—103.

Die Reform des materiellen Rechts wird eine Veränderung in den Personenrechten hervorbringen, und wegen dieses Bestandtheils ist daher schon den letzten Landtagen (1843.) angekündigt worden, daß das Gesetz den Ständen zum Gutachten vorgelegt werden würde; die Reform des formellen Rechts oder des Verfahrens würde für sich allein zu einer solchen Vorlegung keine Veranlassung dargeboten haben. In diesem noch einzuholenden Gutachten der Stände liegt demnach ein zweiter Grund der Verzögerung, welcher, mit jenem ersten verbunden, um so nachtheiliger einwirken kann, als beide Gründe von ganz verschiedener Natur sind, und daher auch in den Grenzen der dadurch bewirkten Verzögerung eben sowohl aus einander liegen, als zusammen fallen können.

Diese Erwägung hat zu dem Entschluß geführt, beide Bestandtheile des Gesetzes, den materiellen und formellen, gegenwärtig von einander zu trennen. Der materielle Bestandtheil wird dann in der bisherigen Weise seinem Abschluß entgegengeführt werden, wobei derselbe unvermeidlich den schon erwähnten zweifachen Verzögerungen ausgesetzt bleibt. Der formelle Bestandtheil dagegen, bei welchem die Berathung des Staatsraths in allen Stücken bereits beendigt war, eine Berathung der Stände aber, nach seinem Inhalt, nicht veranlaßt ist, konnte gleich jetzt eingeführt werden, und hat auch in der That bereits Gesetzeskraft erhalten *).

Diese so eben ausgeführte neue Maaßregel gewährt einen doppelten Vortheil. Erstlich werden die, auch schon von einem verbesserten Verfahren an sich, unabhängig von

*) Verordnung vom 28sten Juni 1844. über das Verfahren in Ehesachen.

der Reform des materiellen Rechts, zu hoffenden heilsamen Folgen früher gewonnen, als es außerdem geschehen konnte; zweitens werden die Obergerichte, denen die beabsichtigte fernere Reform durch gegenwärtige Darstellung mitgetheilt wird, dadurch in den Stand gesetzt, das neue Gesetz mit den einstweilen noch anzuwendenden alten Gesetzen prüfend zu vergleichen, und dadurch ihre Erfahrungen den künftig zu fassenden definitiven Entschlüssen zu gut kommen zu lassen. Es wird dadurch möglich werden, das künftige Gesetz theils mit festerer Ueberzeugung von einem heilsamen Erfolg, theils auch vielleicht mit dankenswerthen Verbesserungen im Einzelnen, zu erlassen.

Die wohlbegründete Aussicht auf diesen, mit der neuen Maaßregel verbundenen, doppelten Vortheil beseitigt zugleich eine Einwendung, die nicht ohne Schein dagegen vorgebracht werden könnte. Es ist nämlich im zweiten Abschnitt gezeigt worden, daß Diejenigen im Irrthum seien, welche eine Reform des Verfahrens für sich allein als genügend ansehen möchten, da eine solche, ohne Verbesserung der materiellen Gesetze, nicht zum Ziel führen könne. Diese Behauptung scheint mit der gegenwärtig ausgeführten neuen Maaßregel im Widerspruch zu stehen. Ein solcher Widerspruch würde in der That vorhanden sein, wenn die Absicht dahin ginge, die materielle Reform überhaupt aufzugeben, oder auch nur auf unbestimmte Zeit zu vertagen. Es ist aber vielmehr die Absicht, die materielle Reform unausgesetzt und gerade so zu verfolgen, wie es für das ungetheilte Gesetz geschehen wäre, wenn die gegenwärtige Trennung nicht Statt gefunden hätte. Indem also jetzt der das Verfahren betreffende Theil abgesondert als Gesetz eingeführt worden ist, liegt dabei keine Selbsttäuschung über den unvollständigen, nicht ganz befriedigen=

den Erfolg dieser Maaßregel zum Grunde; dennoch erscheint diese völlig gerechtfertigt durch den oben dargelegten, sehr wichtigen doppelten Vortheil, welcher von ihr die tadelnde Bezeichnung einer halben Maaßregel abwenden muß. Es wird vielmehr durch diese Maaßregel ein erster Schritt zu dem vor uns stehenden eigentlichen Ziel gethan, und dieser erste Schritt gewährt für den folgenden theils hinlängliche Bürgschaft, theils die Mittel einer noch größeren Sicherheit in einer Sache, worin so große Vorsicht nöthig ist, wenn weder zu viel, noch zu wenig gethan werden soll.

War nun der allgemeine Entschluß zu jener neuen Maaßregel einmal gefaßt, so kam es nur noch darauf an, in dem Gesetz selbst die richtige Grenze zwischen den formellen und materiellen Bestandtheilen desselben zu finden. Zur Lösung dieser Aufgabe sind die gewöhnlichen legislativen Berathungen, also auch die des Staatsraths, angewendet worden.

Es liegt in der Natur eines solchen Unternehmens, daß es bei manchen, nahe an der Grenze liegenden, Fragen bezweifelt werden kann, auf welche Seite des ganzen Gesetzes (die formelle oder materielle) sie zu legen sind. In solchen zweifelhaften Fällen ist hier die Regel befolgt worden, Manches, das streng genommen zum Verfahren gehört, einstweilen dennoch zurück zu legen, weil es nicht ohne Schein für materielles Recht gehalten werden könnte; diese Auskunft konnte um so ungefährlicher getroffen werden, als alle jetzt zurückgelegte Stücke des ganzen Gesetzes nicht aufgegeben, sondern nur auf eine, hoffentlich nicht lange, Zeit vertagt sind.

Die Resultate dieses ausscheidenden Verfahrens sind nun folgende gewesen. Aus dem neuesten Gesetz-Entwurf

(Beilage B.) sind einstweilen ganz weggelassen worden der erste Abschnitt (§§. 1—3.) und der dritte (§§. 93—108.)

Der zweite, das Verfahren betreffende, Abschnitt ist in die neue Verordnung größtentheils, und zwar meist wörtlich unverändert, aufgenommen worden. Einige Stücke desselben wurden weggelassen, einige andere modifizirt.

So sind die in dem zweiten Abschnitt der gegenwärtigen Darstellung entwickelten leitenden Grundsätze des neuen Verfahrens beibehalten worden. Dahin gehören:

1. Die neuen Regeln über das Geständniß, die Kontumaz, und den Eid.
2. Die freie Stellung des Richters in der Beurtheilung der Thatsachen.
3. Die ausschließende Gerichtsbarkeit der Obergerichte.
4. Das persönliche Erscheinen der Parteien.
5. Die Einführung eines Staatsanwalts.
6. Der geistliche Sühneversuch vor der Anstellung einer Klage.

Dagegen sind folgende Veränderungen in dem neuesten Entwurf einstweilen vorgenommen worden.

A. Die Trennung von Tisch und Bett, in dieser Form und unter diesem Namen, ist weggelassen, und an ihre Stelle ist die schon in den gegenwärtigen Gesetzen gegründete Aussetzung des Scheidungs-Urtheils aufgenommen worden (S. 81.), jedoch mit einiger Erweiterung der Grenzen derselben. — Der Grund lag darin, daß die Trennung von Tisch und Bett mit einigem Schein als ein neues materielles Rechts-Institut angesehen werden könnte, wenngleich sie, richtig aufgefaßt, nur eine dem Prozeß angehörende Maaßregel in sich schließt *).

---

*) Neue Verordnung §§. 70. 71. verglichen mit Beilage B. §§. 76—91.

B. Bei der böslichen Verlassung ist die Vorschrift weggelassen worden, daß die Klage erst nach einem Jahr angenommen werden dürfe, weil darin eine Umgestaltung jenes Scheidungsgrundes selbst gesucht werden könnte, wenngleich der erwähnte einjährige Aufschub in der That eine bloße Prozeßbestimmung ist *). Dagegen ist nunmehr die Scheidung wegen böslicher Verlassung, vorausgesetzt, daß der abtrünnige Theil für das Gericht erreichbar ist, unter diejenigen Fälle aufgenommen worden, worin das Urtheil ein Jahr auszusetzen ist **). Die übrigen, bei der böslichen Verlassung vorgenommenen Veränderungen betreffen nur eine, dem gegenwärtigen Zweck angemessene vorsichtigere Fassung ***).

C. Die den Wahnsinn betreffende Bestimmung †) ist gegenwärtig weggelassen worden, weil sie als die Umbildung eines Scheidungsgrundes angesehen werden konnte, obgleich sie eigentlich nur dasjenige näher bestimmt, welches auch schon im Landrecht erfordert ist, nämlich daß keine wahrscheinliche Hoffnung zur Besserung vorhanden sein dürfe, wenn die Scheidung gestattet werden solle.

D. Endlich ist die dem Staatsanwalt früher beigelegte Befugniß, gegen ein Urtheil über Ehescheidung Rechtsmittel einzulegen, gegenwärtig einstweilen weggelassen

*) Neue Verordnung §. 64. vergl. mit Beilage B. §. 68.

**) Neue Verordnung §. 70. vergl. mit Beilage B. §. 76. In der Beilage B. §. 76. werden von der Trennung von Tisch und Bett alle Scheidungsklagen wegen böslicher Verlassung ausgenommen, in der neuen Verordnung §. 70. von der Aussetzung des Urtheils nur diejenigen, bei welchen der abtrünnige Theil für den Richter unerreichbar ist, so daß in den gewöhnlichen Fällen der böslichen Verlassung die Aussetzung des Urtheils in der Regel eintreten wird.

***) Neue Verordnung §. 67. vergl. mit Beilage B. §§. 71. 72.

†) Beilage B. §. 92.

worden *). Zwar betrifft diese Befugniß an sich blos das Verfahren. Da indessen gegenwärtig, wo ein Staatsanwalt überhaupt nicht vorhanden ist, durch die in erster Instanz ausgesprochene Scheidung beide Parteien, wenn sie sich dabei beruhigen, ein Recht auf die Scheidung sofort erlangen, welches durch jene einer dritten Person beigelegte Befugniß wegfallen würde, so hätte diese Bestimmung vielleicht als eine Veränderung der materiellen Rechte der Parteien angesehen werden können, und sie ist daher aus der gegenwärtigen Verordnung einstweilen ausgeschieden worden.

Alle diese Veränderungen sind also nicht etwa aus einer neuerlich veränderten Ansicht über den Werth der früheren Bestimmungen hervorgegangen, worüber der Staatsrath sich schon vor längerer Zeit definitiv ausgesprochen hatte, sondern lediglich aus dem gegenwärtig vorwaltenden Bedürfniß einer Absonderung der in der That oder auch nur scheinbar materiellen Elemente des früheren Gesetzentwurfs. Daher ist auch von keiner Seite ein Zweifel darüber geäußert worden, daß die gegenwärtig abgeänderten Stellen künftig zu ihrer ursprünglichen Gestalt zurückgeführt werden müßten.

Es wird nunmehr zum Beruf der Gerichte gehören, jede Ehescheidungssache zwar nach den gegenwärtigen bestehenden Gesetzen zu entscheiden, zugleich aber die Entscheidung, so wie sie sich nach dem neuesten, in der Beilage B. enthaltenen, Gesetzentwurf bilden würde, zu versuchen, um darauf eine durchgeführte Vergleichung der Resultate des Landrechts und des beabsichtigten künftigen Gesetzes gründen, und auf diesem Wege Erfahrungen sammeln zu können, die bei den künftig anzustellenden wiederholten Prüfungen zu benutzen sein werden.

*) Beilage B. §§. 10. 63. 64. Neue Verordnung §§. 7. 54.

Beilage A.

Entwurf eines Gesetzes über Ehescheidung,
hervorgegangen
aus den Berathungen der Gesetz-Kommission.

Oktober 1842.

Wir Friedrich Wilhelm, von Gottes Gnaden, König von Preußen ꝛc. ꝛc.

haben, in Erwägung, daß die bisherige Behandlung der Ehesachen und der die Ehe verletzenden Vergehen die Anerkennung der Heiligkeit der Ehe geschwächt und die Ehescheidungen zu sehr erleichtert und vervielfältigt hat, die darauf bezüglichen Bestimmungen des Allgemeinen Landrechts und der Allgemeinen Gerichts-Ordnung prüfen lassen, und verordnen auf Antrag Unseres Staatsministerii nach erfordertem Gutachten Unseres Staatsraths Folgendes:

Erster Abschnitt.
Aufhebung bisher gültiger Scheidungsgründe.

§. 1.

Folgende im Allgemeinen Landrechte anerkannte Gründe sollen künftig die Ehescheidung nicht mehr bewirken können:

1. blos verdächtiger Umgang gegen gerichtlichen Befehl (§§. 675. 676. Tit. 1. Th. II. A. L. R.); es bleibt jedoch dem Ehegerichte vorbehalten, nach §. 38. zu ermessen, in wiefern daraus ein Beweis des Ehebruchs zu entnehmen ist;

2. mangelnder Nachweis des unbescholtenen Wandels einer von ihrem Manne getrennt gewesenen Frau; — der §. 687. Tit. 1. Th. II. A. L. R. wird hiermit außer Kraft gesetzt;
3. Versagung der ehelichen Pflicht (§§. 694. 695. a. a. O.);
4. Unvermögen und körperliche Gebrechen (§§. 696. 697. a. a. O.); in sofern dieselben jedoch als Gründe der Ungültigkeit einer Ehe behauptet werden, wird an dem jetzt geltenden Rechte nichts geändert;
5. Raserei und Wahnsinn (§. 698. a. a. O.);
6. Beleidigungen, Kränkungen der Ehre und Freiheit, Drohungen und solche Thätlichkeiten, die Leben oder Gesundheit nicht gefährden (§§. 700—702. a. a. O.); wenn jedoch die Thätlichkeiten in fortgesetzte grobe Mißhandlungen ausarten, so sollen sie als Ehescheidungsgrund gelten;
7. Unverträglichkeit und Zanksucht (§. 703. a. a. O.);
8. Gefährdung des Lebens, der Ehre, des Amtes oder des Gewerbes durch unerlaubte Handlungen (§. 706. a. a. O.), sofern diese nicht einen andern Scheidungsgrund ausmachen;
9. Trunkenheit, Verschwendung, unordentliche Lebensart oder Wirthschaft und Versagung oder Mangel des Unterhalts (§§. 708—713. a. a. O.); mit Ausnahme des Falles, wenn der Mann durch Verbrechen, Ausschweifungen oder Trunksucht sich außer Stand gesetzt hat, der Frau den Unterhalt zu gewähren, in welchem Falle die Frau auf Ehescheidung anzutragen berechtigt seyn soll;
10. gegenseitige Einwilligung (§. 716. a. a. O.);
11. heftiger und tief eingewurzelter Widerwille (§. 718. a. und b. a. a. O.).

§. 2.

Der §. 66. des Anhangs zum Allg. Landrecht, welcher Mannspersonen unter achtzehn Jahren die Ehe unter Vorbehalt des Widerrufs gestattet, wird hierdurch aufgehoben.

Zweiter Abschnitt.

Vom Verfahren in Ehesachen.

§. 3.

A. Verfahren im Allgemeinen.
I. Gerichte für Ehesachen.

Die den Untergerichten bisher überwiesene Gerichtsbarkeit in Prozessen, welche die Scheidung, Ungültigkeit oder Nichtigkeit einer Ehe zum Gegenstande haben, geht auf die Ober-Gerichte über.

§. 4.

Die Appellation von einem Ober-Landesgerichte an ein Kollegium, welches an einem andern Orte seinen Sitz hat, findet in den im §. 3. bezeichneten Sachen nicht ferner statt.

In denjenigen Ober-Landesgerichten, in welchen es hiernach erforderlich ist, soll ein zweiter Senat für diese Appellationen eingerichtet werden.

§. 5.

In jeder, für Sachen der im §. 3. bezeichneten Art bestimmten Gerichts-Sitzung müssen in erster Instanz wenigstens fünf, und in zweiter wenigstens sieben Mitglieder, mit Einschluß des Vorsitzenden, anwesend seyn.

§. 6.

Unser Justizminister wird hierdurch ermächtigt, die Ober-Gerichte durch qualifizirte Richter zu verstärken, so weit es durch die Bestimmung des §. 5. nöthig wird.

§. 7.

Zur Festsetzung der in Ehescheidungs-Prozessen (§§. 61. 68. 69. 90—103.) aufzuerlegenden Strafen sind die Ehegerichte auch gegen Militairpersonen kompetent; die Vollstreckung geschieht aber durch Requisition des Militairgerichts.

§. 8.

Unser Justizminister hat bei jedem der in dem §. 3. bezeichneten Ehegerichte erster Instanz einen Ehevertheidiger und für den Fall der Verhinderung einen Substituten desselben zu bestellen.

Der Ehevertheidiger und sein Substitut dürfen weder Justiz-Kommissarien noch Mitglieder der Gerichte seyn, vor welchen sie aufzutreten haben.

§. 9.

Der Ehevertheidiger ist zu allen Prozessen, welche die Scheidung, Ungültigkeit oder Nichtigkeit einer Ehe zum Gegenstande haben, durch alle Instanzen von Amts wegen zuzuziehen und als Gegner der Parthei, welche die Scheidung, Ungültigkeit oder Nichtigkeit der Ehe in Antrag bringt, anzusehen.

§. 10.

Er ist zu allen Erklärungen und Anträgen, die sich auf die Aufrechthaltung der Ehe, so wie auf die im gegenwärtigen Gesetze angeordneten Strafen beziehen, insbesondere auch zu Rechtsmitteln in diesem Sinne, ermächtigt.

§. 11.

Wenn nach dem Ermessen des Ehevertheidigers Rechte oder Interessen der Kinder in dem Eheprozesse wahrzunehmen sind, so hat er die Bestellung eines Kurators derselben bei dem Vormundschaftsgerichte zu beantragen.

Bis das Vormundschaftsgericht dem Antrage Statt gegeben hat, liegt dem Ehevertheidiger selbst, nachher aber dem Kurator die Wahrnehmung dieser Rechte und Interessen ob.

§. 12.

Alle gerichtliche Verhandlungen in Ehesachen sind mit Zuziehung eines verpflichteten Protokollführers vorzunehmen.

§. 13.

II. Sühneversuch vor der Ehescheidungsklage.

Die Ehescheidungsklage kann erst dann angenommen werden, wenn durch ein Attest des kompetenten Geistlichen nachgewiesen wird, daß er die Sühne mit beiden Ehegatten fruchtlos versucht hat. Ist der verklagte Theil abwesend, so ist dazu nöthigenfalls ein Geistlicher seines Aufenthaltsorts zu requiriren.

§. 14.

Bei gemischten Ehen haben die Geistlichen beider Konfessionen die Sühne, zusammen oder einzeln, zu versuchen, und es ist alsdann ein solches Attest von einem jeden derselben beizubringen.

§. 15.

Der verklagte Theil ist verbunden, sich in den Terminen zu diesem Sühne-Versuch zu gestellen; nöthigenfalls ist er dazu auf Veranlassung des Geistlichen durch seinen persönlichen Richter anzuhalten. Das Ausbleiben des klagenden Theils wird als Zurücknahme seines Antrags betrachtet.

§. 16.

Auf welche Weise und wie oft die Sühne zu versuchen sey, bleibt dem Geistlichen, mit Vorbehalt seiner vorgesetzten Behörde, überlassen. Er darf aber das Attest über die Fruchtlosigkeit des Versuchs nicht länger verweigern, wenn seit dem ersten Antrage des klagenden Theils vier Monate verflossen sind, ohne daß die Sühne zu Stande gekommen ist.

§. 17.

Der bei dem Sühneversuche angegebene Scheidungsgrund ist in dem Atteste namhaft zu machen.

§. 18.

Wenn der verklagte Theil edictaliter zu citiren ist, so bedarf es keines, der Klage vorhergehenden Sühneversuchs.

§. 19.

III. Prozeßverfahren. 1. Erste Instanz.

Die auf Scheidung, Ungültigkeit oder Nichtigkeit der Ehe gerichtete Klage ist dem verklagten Theile und dem Ehevertheidiger mitzutheilen. Zugleich ist ein Termin vor einem Deputirten des Gerichts zu deren Beantwortung durch den verklagten Theil anzusetzen. Derselbe hat die Wahl, statt in diesem Termin zu erscheinen, vor oder in demselben eine Klagebeantwortung einzureichen.

Von der Klagebeantwortung erhält, sobald sie eingeht, der klagende Theil und der Ehevertheidiger Abschrift.

§. 20.

Die Klage und deren Beantwortung muß von einem Justizkommissarius abgefaßt oder zum gerichtlichen Protokoll erklärt werden, wenn die Parthei nicht selbst zu den Rechtsverständigen gehört.

§. 21.

Wird eine Widerklage angebracht, so sind auf dieselbe die in den §§. 19. und 20. gegebenen Vorschriften anzuwenden.

§. 22.

Nachdem die Beantwortung (§§. 19—21.) eingegangen, oder der dazu bestimmte Termin versäumt worden ist, ergeht an beide Theile und an den Ehevertheidiger die Ladung zur Verhandlung der Sache.

§. 23.

Das Gericht hat zu diesem Termine auch die Zeugen vorladen zu lassen, wenn es die Sache durch die Klage und deren Beantwortung dazu hinlänglich vorbereitet findet.

§. 24.

Die Verhandlung geschieht vor dem versammelten Kollegio, und zwar in der Regel vor denselben Mitgliedern, welche in der Sache zu erkennen haben.

§. 25.

Die Partheien müssen dazu persönlich erscheinen, und können sich nicht durch Bevollmächtigte vertreten, wohl aber durch Rechtsbeistände begleiten lassen.

§. 26.

Die Verhandlung beginnt mit dem Vortrage des wesentlichen Inhalts der Akten durch ein Mitglied des Kollegii.

§. 27.

Demnächst sind die Partheien und die Ehevertheidiger mit ihren Erklärungen und Anträgen zu hören und durch ihre Vernehmung, und nach Befinden die der Zeugen, die Thatsachen zu ermitteln.

Die Partheien oder deren Rechtsbeistände und der Ehevertheidiger haben in diesem Termine auch ihre Rechtsausführungen mündlich vorzutragen.

§. 28.

Der Vorsitzende hat die Verhandlung zu leiten; es ist aber auch jedes Mitglied des Gerichts durch den Vorsitzenden oder mit dessen Genehmigung Fragen zu stellen berechtigt.

§. 29.

Der wesentliche Inhalt der Verhandlung und diejenigen Erklärungen, deren Aufzeichnung von einer Parthei oder dem Ehevertheidiger besonders beantragt wird, sind zu Protokoll zu nehmen.

§. 30.

Nach dem Schlusse der Verhandlung hat das Gericht, wenn die Sache spruchreif ist, zu erkennen, sonst aber das zur Fortsetzung derselben Erforderliche zu beschließen. Das Erkenntniß oder der Beschluß ist sofort bekannt zu machen. Es steht dem Gerichte aber auch frei, die Entscheidung zu einer weiteren Berathung auszusetzen.

§. 31.

Auf gleiche Weise (§§. 24. u. ff.) ist in den etwa nöthigen ferneren Terminen zur Fortsetzung und zum Schluß der Verhandlung, besonders nach einer stattgefundenen Beweis-Aufnahme, zu verfahren.

§. 32.

Wenn einer oder beiden Partheien nach der Ueberzeugung des Gerichts das Erscheinen vor demselben wegen Krankheit, Armuth, Entfernung oder aus ähnlichen Gründen nicht anzusinnen ist, so sind vor Ansetzung des Termins zur Verhandlung der Sache (§§. 22. u. ff.) ihre Erklärungen, soweit es nach dem Klagebeantwortungs-Termin noch erforderlich ist, durch einen Kommissarius oder durch Requisition eines andern Gerichts aufzunehmen.

§. 33.

Vertretung der Partheien durch Bevollmächtigte findet auch hier nicht Statt, sondern es hat sich nöthigenfalls der Kommissarius zu ihnen zu begeben.

§. 34.

Demnächst ist der Beweis vor versammeltem Kollegio, und nur, wenn dies nicht wohl ausführbar ist, durch Kommissarien oder durch Requisition, unter Zuziehung des Ehevertheidigers aufzunehmen.

§. 35.

Die Partheien können der Beweisaufnahme, insbesondere den Zeugenverhören, durch Bevollmächtigte, und, sofern das Gericht kein Bedenken dabei findet, persönlich beiwohnen.

§. 36.

Im Falle des §. 32. ist der Termin zur Verhandlung der Sache vor versammeltem Kollegio (§§. 24. u. ff.) mit dem zur Beweis-Aufnahme, wenn diese daselbst Statt findet, zu verbinden, sonst aber erst, wenn die Sache zum Abschlusse reif ist, anzusetzen.

In diesem Termin ist die Vertretung der Partheien, welche nicht persönlich erscheinen können (§. 32.), durch Bevollmächtigte oder zugeordnete Assistenten zulässig.

§. 37.

Gerichtliche Sühneversuche kann das Ehegericht in Ehescheidungssachen, so oft es solche angemessen findet, selbst oder durch Kommissarien, insbesondere durch den persönlichen Richter der Ehegatten, mit oder ohne Zuziehung von Geistlichen, vornehmen.

§. 38.

Das Ehegericht hat, ohne an positiv vorgeschriebene Beweisregeln gebunden zu seyn, nach seiner aus dem ganzen Inbegriff der Verhandlungen und Beweise geschöpften Ueberzeugung zu beurtheilen, ob und in wieweit der für die Scheidung, Ungültigkeit oder Nichtigkeit der Ehe angegebene Grund bewiesen ist.

§. 39.

Durch bloßes Zugeständniß jedoch, welches durch andere Umstände nicht unterstützt ist, sey es in dem Prozesse oder vorher erklärt, kann der Grund der Scheidung, Ungültigkeit oder Nichtigkeit der Ehe nicht bewiesen werden.

§. 40.

Auch findet die Eideszuschiebung und der nothwendige Eid zum Beweise derjenigen Thatsachen nicht Statt, welche den Grund der Scheidung, Ungültigkeit oder Nichtigkeit der Ehe darthun sollen.

§. 41.

Im Falle der Kontumaz des verklagten Theils ist anzunehmen, daß er diejenigen Thatsachen bestreite und diejenigen Urkunden nicht anerkenne, welche zum Beweise des Grundes der Scheidung, Ungültigkeit oder Nichtigkeit der Ehe dienen sollen.

§. 42.

Das Ehegericht ist aber befugt, wenn es solches zur Erforschung der Wahrheit für angemessen erachtet, den verklagten Theil durch angemessene Zwangsmittel zum persönlichen Erscheinen anzuhalten.

§. 43.

Die rechtlichen Folgen des Ausbleibens des klagenden und des edictaliter citirten verklagten Theils sind nach den bis jetzt bestandenen Vorschriften zu beurtheilen.

§. 44.

2. Zweite Instanz.

Auf die rechtzeitig angemeldete Appellation ist ein Termin zur Rechtfertigung derselben, und wenn diese erfolgt ist, zur Beantwortung der Rechtfertigung vor einem Deputirten des Gerichts erster Instanz anzuberaumen.

§. 45.

Von der Rechtfertigung der Appellation und deren Beantwortung gilt Alles, was §§. 19. und 20. über die Klage und Klagebeantwortung bestimmt ist.

§. 46.

Hiernächst gehen die Akten an das Gericht zweiter Instanz über, welches entweder sofort erkennt, oder die etwa nöthige neue Verhandlung oder Beweis-Aufnahme vor sich veranlaßt, aber auch befugt ist, die Verhandlungen der ersten Instanz vor sich wiederholen zu lassen, wenn es solches zu seiner Information nöthig findet.

§. 47.

Die Vorschriften §§. 22—43. sind auch für das Ehegericht zweiter Instanz und die Verhandlungen vor demselben maaßgebend.

§. 48.

3. Dritte Instanz.

In den im §. 3. bezeichneten Ehesachen ist gegen das Erkenntniß zweiter Instanz nicht die Revision, sondern nur die Nichtigkeitsbeschwerde zulässig, deren Einlegung die Vollstreckung des Erkenntnisses aufhält.

§. 49.

Die Nichtigkeitsbeschwerde findet jedoch in den Fällen des §. 5. No. 10. b. und c. der Verordnung vom 14ten Dezember 1833. und des Artikels 3. No. 5. der Deklaration vom 6ten April 1839. nicht Statt.

§. 50.

4. Interimisticum.

Die Regulirung des interimistici kann nachgesucht werden, sobald ein Ehegatte zur Vorbereitung der Scheidung bei einem Geistlichen auf den Sühneversuch angetragen hat.

Der Geistliche hat über diesen Antrag auf Verlangen ein Attest zu ertheilen.

§. 51.

Zur Regulirung des interimistici ist nur das Ehegericht erster Instanz kompetent, welches jedoch die Instruktion desselben kommissarisch, namentlich durch den persönlichen Richter, führen zu lassen befugt ist.

§. 52.

Auf das Verfahren dabei finden nicht die in der gegenwärtigen Verordnung für den Eheprozeß vorgeschriebenen eigenthümlichen Bestimmungen (§§. 19—42.), sondern die bisher bestandenen Regeln Anwendung.

§. 53.

Wenn das interimisticum vor Anstellung der Ehescheidungsklage festgesetzt wird, so hat das Ehegericht die Fristen zu bestimmen, mit deren Ablauf es seine Kraft verliert, wenn die Klage nicht angestellt ist.

§. 54.

Auch erlöscht dasselbe in diesem Falle, wenn die Klage durch ein Dekret zurückgewiesen wird.

§. 55.

Gegen die von dem Ehegerichte ausgesprochene Festsetzung des interimistici findet kein Rechtsmittel, auch nicht der Rekurs, statt.

§. 56.

5. Gemeinsame Bestimmungen.

Bis zur Rechtskraft des Ehescheidungs-Urtheils kann die Klage zurückgenommen werden und es verlieren alsdann die ergangenen Urtheile in allen ihren Bestimmungen ihre rechtliche Wirkung.

§. 57.

In sofern die gegenwärtige Verordnung über das Verfahren in Ehesachen etwas Abweichendes nicht bestimmt, bleibt es bei den jetzt bestehenden Regeln.

§. 58.

B. Verfahren bei der böslichen Verlassung.
1. Wenn der beklagte Theil erreichbar ist.

Bei der Ehescheidungsklage wegen böslicher Verlassung muß, wenn der Aufenthalt des angeblich abtrünnigen Theils bekannt und erreichbar (§. 688. Tit. 1. Th. II. A. L. R.) ist, der Versuch des Ehegerichts (§. 3.) vorangehen, denselben zur Herstellung des ehelichen Zusammenlebens anzuhalten.

§. 59.

Wird das Ehegericht von dem andern Theile deshalb angegangen, so hat es die kompetenten oder auch andere Geistlichen zu beauftragen, binnen einer von dem Gerichte zu bestimmenden Frist die Herstellung des ehelichen Zusammenlebens durch Ermahnung des angeblich abtrünnigen Theils, oder, nach Befinden, die Sühne unter Zusammenstellung beider Theile zu versuchen.

§. 60.

Bleibt dieser Versuch fruchtlos, so hat das Ehegericht dem angeblich abtrünnigen Theile die Herstellung des ehelichen Zusammenlebens binnen einer bestimmten Frist, bei Vermeidung der Rechtshülfe, anzubefehlen.

§. 61.

Die Art dieser auf Antrag des andern Theils zu vollstreckenden Rechtshülfe hat das Gericht nach Maaßgabe der Regeln von der Exekution überhaupt, besonders der Exekution auf Handlungen und Unterlassungen, und mit Rücksicht auf die Umstände zu bestimmen, und in dem nach §. 60. zu erlassenden Befehle anzudrohen.

§. 62.

Dieselbe kann auch darin bestehen, daß der abtrünnige Theil durch unmittelbaren Zwang zur Wiedervereinigung angehalten wird, wenn der andere Theil darauf anträgt.

§. 63.

Das Ehegericht kann vor Vollstreckung der Rechtshülfe in einem vor sich oder einem Kommissarius abzuhaltenden Termine, allenfalls mit Zuziehung der kompetenten oder auch anderer Geistlichen, versuchen, den ehelichen Zwist auszugleichen oder dessen Ursachen zu ermitteln. Das Ausbleiben des klagenden Theils in diesem Termine wird für eine Zurücknahme seines Antrags geachtet; der verklagte Theil ist nöthigenfalls durch Zwangsmittel anzuhalten, sich darin zu gestellen.

§. 64.

Wendet der angeblich abtrünnige Theil ein, daß er dem andern keine Veranlassung gegeben, den Befehl nachzusuchen, oder daß er demselben bereits genügt habe, und beharrt der andere Theil gleichwohl bei dem Antrage auf dessen Vollstreckung, so hat das Ehegericht darüber, ob der Befehl aufzuheben oder zu vollstrecken sey, durch ein Dekret zu entscheiden, wenn es nach den erfolgten Ermittelungen die Entscheidung für unbedenklich erachtet.

§. 65.

Findet das Ehegericht die Sache hierzu nicht angethan, so hat es über diese Frage, unter Zuziehung des Ehevertheidigers, im Wege des summarischen Prozesses zu verfahren und zu entscheiden.

§. 66.

Auf diesen Prozeß finden nicht die in den §§. 19. bis 49. für den Eheprozeß aufgestellten, sondern die allgemeinen Regeln des summarischen Prozesses Anwendung.

§. 67.

Gegen die Entscheidung erster Instanz findet die Appellation an das Ehegericht zweiter Instanz (§. 4.), gegen dessen Entscheidung aber nur die Nichtigkeits-Beschwerde Statt.

Die Vollstreckung des Befehls wird durch die Appellation und durch die Nichtigkeits-Beschwerde aufgehalten.

§. 68.

Versuche des abtrünnigen Theils, durch leere Vorspiegelungen und Versprechungen der Wiederherstellung des ehelichen Lebens die Vollstreckung des Befehls zu vereiteln, ist das Ehegericht durch Gefängnißstrafe bis zu acht Tagen zu ahnden berechtigt.

Diese Strafe ist durch ein Dekret festzusetzen, gegen welches nur der Rekurs an das Ehegericht zweiter Instanz Statt findet.

§. 69.

Erst nachdem im Wege der Vollstreckung des, auf die Herstellung des ehelichen Zusammenlebens gerichteten Befehls der Abtrünnige dreimonatliches Gefängniß, über welches hinaus die Zwangshaft nicht auszudehnen ist, erlitten hat, oder aber die Unmöglichkeit der Vollziehung dieser Zwangshaft festgestellt worden, und in diesem letztern Falle zugleich noch ein Jahr nach Ablauf der nach §. 60. bestimmten Frist verstrichen ist, findet die Ehescheidungs-Klage wegen böslicher Verlassung Statt.

§. 70.

Dieser Klage muß ein geistlicher Sühneversuch (§§. 13. bis 15.) vorangehn, auf welchen jedoch die dem Geistlichen zu den Sühneversuchen im §. 16. nachgelassene Zeit von vier Monaten keine Anwendung findet.

§. 71.

Die Regulirung des interimistici kann in Antrag gebracht werden, sobald die gerichtliche Verfügung zur Herstellung des ehelichen Lebens (§. 60.) nachgesucht wird, und es finden auch hier die §§. 53. und 54. Anwendung.

§. 72.

2. Wenn der verklagte Theil nicht erreichbar ist.

Ist der angeblich abtrünnige Ehegatte nicht erreichbar (§. 58.), so bleibt es in Betreff des Ediktal-Verfahrens bei den jetzt geltenden Bestimmungen.

§. 73.

Jedoch wird der §. 693. Tit. 1. Th. II. des Allg. Landrechts, welcher die Ehescheidungsklage gegen den abwesenden Ehegatten nach Ablauf von zwei Jahren seit seiner Entfernung auch alsdann zuläßt, wenn von den Gründen der ersten Entfernung nichts ausgemittelt werden kann, hierdurch außer Kraft gesetzt.

§. 74.

Kehrt der verklagte Theil auf die an ihn ergangene öffentliche Vorladung zurück, so treten die §§. 19—57. aufgestellten Regeln des Ehe-Prozesses ein.

§. 75.

C. Bei Mißhandlungen und Mangel des Unterhalts der Frau.

Ehescheidungsklagen wegen lebens- oder gesundheitsgefährlicher, oder wegen fortgesetzter grober Mißhandlungen, so wie wegen Mangels an Unterhalt der Frau, veranlaßt durch Verbrechen oder Ausschweifungen, insbesondere durch Trunksucht des Mannes, sind zwar im Uebrigen nach den Bestimmungen §§. 3—57. zu behandeln; es soll jedoch aus den vorgedachten Gründen nicht sofort auf Ehescheidung, sondern, wenn der Scheidungsgrund nachgewiesen ist, zuvor auf ein- bis zweijährige Trennung von Tisch und Bett erkannt werden.

§. 76.

Gegen das Trennungs-Urtheil finden dieselben Rechtsmittel wie gegen ein Ehescheidungs-Urtheil Statt. Dieselben halten die Vollstreckung des Urtheils auf.

§. 77.

Die Trennungszeit (§. 75.) beginnt mit der Rechtskraft des dieselbe aussprechenden Urtheils.

§. 78.

Von rechtskräftigen Trennungs-Urtheilen ist den Geistlichen (§§. 13. 14.) Nachricht zu geben, damit sie während der Trennung die Sühne zu versuchen fortfahren.

§. 79.

Die erkannte Trennung verpflichtet den allein oder zugleich mit der Frau für schuldig erklärten Mann zur Sicherstellung des Vermögens der Frau.

§. 80.

Die nähere Bestimmung der von dem Manne der Frau zu gewährenden Alimente, und wegen der Rechte und Pflichten der Ehegatten in Betreff der Erziehung und Verpflegung der Kinder während der Trennung, hat das Ehegericht den Umständen gemäß nach billigem Ermessen, ohne Gestattung eines besonderen Prozesses darüber, zu treffen.

§. 81.

Die Vermuthung, daß der Ehemann Vater der während der Dauer der Ehe erzeugten Kinder sey, findet innerhalb der Trennungszeit nicht Statt.

§. 82.

Erst nach Ablauf der Trennungszeit, jedoch nur innerhalb der nächsten drei Monate, kann der klagende Theil auf das Ehescheidungs-Urtheil antragen.

§. 83.

Sind diese drei Monate verlaufen, ohne daß ein solcher Antrag angebracht worden, so erlischt das Trennungs-Urtheil mit allen seinen Wirkungen, und der Scheidungsgrund, aus welchem geklagt worden, kann als solcher ferner nicht geltend gemacht werden.

§. 84.

Bis zum Ablauf der drei Monate dagegen, und, wenn innerhalb derselben auf Ehescheidung angetragen worden, bis zur Beendigung des Scheidungsprozesses durch Entsagung oder rechtskräftiges Erkenntniß, dauert die Trennung mit ihren, in den §§. 79—81. bestimmten Wirkungen fort.

§. 85.

Die in den §§. 77. 82. 83. und 84. enthaltenen Bestimmungen sind in den Ausfertigungen der Trennungs-Urtheile auszudrücken.

§. 86.

Bevor nach Ablauf der Trennungszeit auf Antrag des klagenden Theils das Ehescheidungs-Urtheil ausgesprochen werden kann, ist der geistliche Sühneversuch zu wiederholen.

§. 87.

Wenn der die Scheidung verlangende Ehegatte der evangelischen Konfession angehört, so ist dieser Sühneversuch vor versammeltem Konsistorio, oder wenn das Konsistorium sich überzeugt, daß den Ehegatten wegen Krankheit, Armuth, Entfernung oder aus ähnlichen Gründen das Erscheinen vor dem Konsistorio nicht anzusinnen ist, vor wenigstens drei von dem Konsistorio zu beauftragenden Geistlichen vorzunehmen.

§. 88.

Gehört der verklagte Theil nicht der evangelischen Konfession an, so kann er zum Erscheinen vor dem evangelischen Konsistorio oder dessen Kommissarien nicht angehalten werden.

§. 89.

Nach fruchtlosem Ausfall dieses Sühneversuchs ist über den Antrag auf Ehescheidung von dem Ehegerichte zu erkennen; dabei ist jedoch der Scheidungsgrund, so wie ihn das Trennungs=Urtheil als festgestellt angenommen hat, als rechtskräftig feststehend zu behandeln.

Dritter Abschnitt.

Strafen als Folgen der Ehescheidung.

§. 90.

A. Schuld an der Scheidung.

Jedes Urtheil auf Trennung von Tisch und Bett oder auf Ehescheidung muß — außer dem Falle des §. 715. Tit. 1. Th. II. A. L. R. — den verklagten Theil, oder wenn die Trennung oder Ehescheidung auf den Antrag beider Theile erkannt wird, beide Ehegatten für schuldig an der Trennung oder Ehescheidung erklären.

Es wird hierdurch in den Vorschriften nichts geändert, welche das Allg. Landrecht §. 746. u. ff. Tit. 1. §. 92. u. ff. Tit. 2. Th. II. und die Allg. Gerichts=Ordnung §§. 51. 52. Tit. 40. Th. I. und Anhang §. 293. enthält.

§. 91.

B. Ehebruch.

Der Ehebruch, welcher eine Ehescheidung veranlaßt, ist auch ohne Antrag des andern Theils an jedem der beiden Ehebrecher zu bestrafen, und zwar, wenn er von einem Ehemanne mit einer nicht verheiratheten Weibsperson verübt worden, mit sechswöchentlichem bis dreimonatlichem Gefängnisse, wenn er aber von einer Ehefrau mit einer nicht verheiratheten Mannsperson begangen worden, mit drei= bis sechsmonatlichem Gefängnisse oder Festungs=Arrest, und wenn beide Ehebrecher verheirathet waren, mit sechsmonatlichem bis einjährigem Gefängnisse oder Festungs=Arreste.

§. 92.

Jedes auf Ehescheidung wegen Ehebruchs in erster oder höherer Instanz erkennende Urtheil hat hiernach die Strafe des ehebrecherischen Gatten auszusprechen.

§. 93.

Das Ehegericht hat, soviel als möglich, auch die Theilnehmer am Ehebruche zu ermitteln, um dadurch deren Bestrafung vorzubereiten, und die Umgehung des ihnen entgegenstehenden Eheverbots (§. 101.) zu verhüten. Es liegt dem Ehevertheidiger ob, die hierzu etwa erforderlichen Anträge zu machen.

Sobald die Ehescheidung rechtskräftig feststeht, sind die Akten zur Untersuchung gegen die Theilnehmer an das kompetente Kriminalgericht abzugeben.

§. 94.

C. Bösliche Verlassung.

Wenn im Fall der böslichen Verlassung die Vollstreckung der dreimonatlichen Haft (§. 69.) wegen Unmöglichkeit der Vollziehung unterblieben oder deren Androhung im Falle der öffentlichen Vorladung des verklagten Theils nicht erfolgt ist, so ist in dem die Ehescheidung aussprechenden Urtheile erster oder höherer Instanz dreimonatliche Gefängnißstrafe gegen den verklagten Theil von Amtswegen zu erkennen.

§. 95.

Ist jedoch in Folge der öffentlichen Vorladung des verklagten Theils und seines Ausbleibens diese Strafe rechtskräftig gegen ihn erkannt worden, so kann er von derselben durch den Nachweis erheblicher und erlaubter Gründe seiner Abwesenheit sich befreien, und es ist darüber, ob er diesen Nachweis geführt hat, von dem Ehegerichte im Wege des fiskalischen Untersuchungsprozesses zu erkennen.

§. 96.

Auf diesen Untersuchungsprozeß finden die für den Eheprozeß vorgeschriebenen Regeln (§§. 19. u. ff.) keine Anwendung.

Gegen die erste Entscheidung ist nur das Rechtsmittel der weiteren Vertheidigung zulässig, worüber das Ehegericht zweiter Instanz zu erkennen hat.

§. 97.

D. Uebrige Fälle.

Außer den Fällen des Ehebruchs und der böslichen Verlassung, ist in dem die Ehescheidung aussprechenden Urtheile, ohne Unterschied, ob dasselbe in erster, oder in den höheren Instanzen ergeht, gegen den schuldigen Theil, oder wenn beide Theile schuldig sind, gegen jeden von ihnen für die Handlungen, welche die Ehescheidung begründen, Gefängnißstrafe auf vierzehn Tage bis vier Monate festzusetzen.

§. 98.

Wenn die Vergehen, welche der Scheidungsklage zum Grunde gelegt werden, außerdem ein Strafverfahren von Amtswegen begründen, so bleibt bis zu dessen Beendigung der Ehescheidungsprozeß ausgesetzt, und die Festsetzung der Strafe im Ehescheidungs=Urtheil fällt weg, wenn das Strafverfahren schon eine solche nach sich gezogen hat.

§. 99.

Die nach §§. 92. 94. und 97. auszusprechenden Strafen hat, sobald sie rechtskräftig feststehen, das Ehegericht von Amtswegen zu vollstrecken.

§. 100.

E. Gemeinsame Bestimmungen.

Der geschiedene Ehegatte, welcher allein oder zugleich mit dem andern Theile für schuldig erklärt worden ist, darf erst dann zu einer andern Ehe schreiten, wenn nach der Rechtskraft des Ehescheidungs-Urtheils zwei Jahre abgelaufen sind.

Diese Beschränkung ist in dem Ehescheidungs-Urtheile auszusprechen.

§. 101.

Von dem Verbote der Ehe solcher Personen, welche wegen Ehebruchs (§§. 670—673. Tit. 1. II. Allg. Landr.) geschieden worden, mit den Theilnehmern des Ehebruchs findet fernerhin keine Dispensation statt.

§. 102.

Das Erkenntniß auf Schuld (§. 90.) oder Strafe (§§. 92. 94. 97.) kann nur zugleich mit dem Erkenntniß auf Trennung oder Scheidung, wovon es einen Theil ausmacht, und nur durch dieselben Rechtsmittel wie dieses angefochten werden.

Wenn jedoch in erster Instanz auf Strafe erkannt ist, so kann der Verurtheilte den Rekurs an das Ehegericht zweiter Instanz ergreifen, ohne die Scheidung anzufechten, sofern dieser Rekurs nur das Maaß der Strafe, nicht die Strafbarkeit selbst zum Gegenstande hat.

§. 103.

Wenn ein für schuldig erklärter Ehegatte auch seinerseits auf Ehescheidung geklagt hatte und in dem Erkenntnisse die Trennung oder Ehescheidung auch auf seinen Antrag erkannt worden ist, so kann er gegen die ihm in diesem Erkenntnisse, sofern es in erster oder in zweiter Instanz ergangen ist, zur Last gelegte Schuld oder Strafe allein Rechtsmittel einlegen.

Vierter Abschnitt.

Besondere Bestimmungen für Ehegatten, die der römisch-katholischen Kirche angehören.

§. 104.

In der Gerichtsbarkeit und dem Verfahren der katholisch-geistlichen Gerichte wird durch gegenwärtige Verordnung nichts geändert.

Dieselben haben aber, wenn sie wegen Ehebruchs auf beständige Trennung von Tisch und Bett rechtskräftig erkannt haben, die Akten Behufs der Bestrafung der Ehebrecher nach §. 91. an das kompetente Kriminalgericht abzugeben.

§. 105 *).

Geschiedene Ehegatten, welche der katholischen Kirche angehören, und zu einer neuen Ehe schreiten wollen, dürfen während des Lebens des andern Theils von Evangelischen Geistlichen nicht eingesegnet werden.

§. 106.

Zur Wiederherstellung der Ehe zweier geschiedener Katholiken bedarf es weder des Aufgebots, noch der Trauung.

Dieselben haben vielmehr vor ihrem persönlichen Richter die Erklärung an Eidesstatt abzugeben, daß ihnen kein Ehehinderniß im Wege stehe. Hatten sie in der Zwischenzeit ein neues Ehegelöbniß oder eine neue Ehe eingegangen,

*) Das Staatsministerium hat es für räthlich gehalten, die §§. 105—108. hier wegzulassen, nicht weil es den Inhalt derselben verwerfen zu müssen glaubte, sondern weil dieselben mit dem Zweck des vorliegenden Gesetzes nicht in nothwendigem Zusammenhang stehen. Die Gesetz-Kommission ist dieser Ansicht beigetreten, und daher sind diese §§. der Berathung des Staatsraths nicht unterworfen worden.

so haben sie dem Richter die rechtsgültige Auflösung dieses Verhältnisses nachzuweisen.

Die Ehegatten haben sodann das richterliche Zeugniß über jene Versicherung ihrem Pfarrer einzureichen, welcher ihre Erklärung der Wiedervereinigung in Gegenwart zweier Zeugen anzunehmen hat.

Dieser Akt hat alle rechtliche Wirkungen der Trauung, und ist in das Kirchenbuch einzutragen.

Fünfter Abschnitt.

Vorschriften, die mit gegenwärtigem Gesetze durch den gemeinsamen Zweck zusammenhangen.

§. 107.

Auf uneheliche Schwängerung unter dem Versprechen der Ehe kann ein Anspruch auf Beilegung der Rechte einer Ehefrau, so wie des Namens, Standes und Ranges des Schwängerers, und auf Ehescheidungsstrafen, nicht gegründet werden.

Die §§. 592—595. Tit. 2. II. Allg. Landr. werden für den Fall der unehelichen Schwängerung unter dem Versprechen der Ehe außer Kraft gesetzt.

An der Bestimmung des §. 1115. Tit. 1. ib. dagegen wird hierdurch nichts geändert.

§. 108.

Eine Weibsperson, welche wissentlich mit einem Ehemanne Unzucht getrieben hat, kann auf die dadurch bewirkte Schwängerung einen Anspruch auf Abfindung nicht gründen.

Sechster Abschnitt.
Umfang der Anwendbarkeit dieses Gesetzes.

§. 109.

Gegenwärtiges Gesetz findet nur auf diejenigen Landestheile Anwendung, in denen das Allgemeine Landrecht und die Allgemeine Gerichts-Ordnung gelten.

§. 110.

In denjenigen Landestheilen, in welchen durch das Patent vom 21sten Junius 1825. (Ges. Samml. pag. 153.) das Allg. Landrecht mit Ausschluß der drei ersten Titel des II. Theils eingeführt ist, werden aus dem 1sten Titel dieses Theils hierdurch die §§. 670—673. 677—686. 688—691. 699. 704. 705. 707. 719—721. 723—725. 736. 737. zugleich mit gegenwärtigem Gesetz in Kraft gesetzt.

§. 111.

Das gegenwärtige Gesetz ist auf Ehe-Prozesse, welche vor eingetretener Gesetzeskraft desselben angebracht, und, soweit darin Strafen bestimmt werden, auf Vergehen, welche vor eingetretener Gesetzeskraft desselben begangen worden, nicht anzuwenden.

Beilage B.

Entwurf eines Gesetzes über Ehescheidung,

hervorgegangen

aus den auf die Beschlüsse des Staatsraths gegründeten Berathungen der Fassungs-Kommission.

April 1844.

Wir Friedrich Wilhelm, von Gottes Gnaden, König von Preußen rc. rc.

haben, um die Anerkennung der Heiligkeit der Ehe zu befördern und der wahrgenommenen Vervielfältigung der Ehescheidungen entgegen zu wirken, die betreffenden Bestimmungen des Allgemeinen Landrechts und der Allgemeinen Gerichts-Ordnung prüfen lassen, und verordnen auf Antrag Unseres Staats-Ministerii, nach vernommenem Gutachten Unseres Staatsraths, was folgt:

Erster Abschnitt.

Aufhebung und Einschränkung bisher gültiger Scheidungsgründe.

§. 1.

Folgende bisher zugelassene Ehescheidungsgründe werden hiermit aufgehoben:

1. gegenseitige Einwilligung (§. 716. Tit. 1. Th. II. A. L. R.);
2. heftiger und tief eingewurzelter Widerwille (§. 718. a. und b. a. a. O.);

3. bloß verdächtiger Umgang gegen gerichtlichen Befehl (§. 676. a. a. O.); wobei jedoch dem Ehegericht vorbehalten bleibt, nach §. 42. des gegenwärtigen Gesetzes zu ermessen, in wiefern daraus eine dringende Vermuthung des Ehebruchs zu entnehmen ist;

4. mangelnder Nachweis des unbescholtenen Wandels einer Frau, die sich von ihrem Manne entfernt hatte; indem der §. 687. a. a. O. hiermit außer Kraft gesetzt wird;

5. Unvermögen und körperliche Gebrechen, welche erst während der Ehe entstanden sind (§§. 696. 697. a. a. O.); wogegen für die Fälle, worin dieselben schon vor der Ehe vorhanden waren und daher als Gründe der Ungültigkeit einer Ehe behauptet werden, an dem jetzt geltenden Rechte nichts geändert wird.

§. 2.

Aus den in den §§. 694. 695. 700. 702—713. Tit. 1. Th. II. A. L. R. aufgestellten Gründen und wegen der im §. 699. a. a. O. erwähnten lebens- oder gesundheitsgefährlichen Mißhandlungen soll künftig nur dann auf Ehescheidung erkannt werden, wenn das Ehegericht nach der besonderen Beschaffenheit des vorliegenden Falles die Ueberzeugung gewinnt, daß durch die Schuld des verklagten Theils die Ehe in nicht minderem Grade zerrüttet worden sey, als durch Ehebruch oder bösliche Verlassung geschehen seyn würde.

Es ist hierbei nicht bloß auf die in den gedachten §§. bezeichneten einzelnen Handlungen des verklagten Theils, sondern auch auf sein Verhalten im Allgemeinen Rücksicht zu nehmen.

§. 3.

Die im §. 66. des Anhangs zum Allg. Landrecht gestattete Ausnahme von der Regel, nach welcher Mannspersonen unter achtzehn Jahren nicht heirathen sollen, wird hierdurch aufgehoben.

Zweiter Abschnitt.
Vom Verfahren in Ehesachen.

§. 4.

A. Verfahren im Allgemeinen.
I. Gerichte für Ehesachen.

Die Gerichtsbarkeit der Untergerichte in Prozessen, welche die Scheidung, Ungültigkeit oder Nichtigkeit einer Ehe zum Gegenstande haben, geht auf die Obergerichte über.

§. 5.

Die Appellation von einem Ober-Landesgerichte an ein Kollegium, welches an einem anderen Orte seinen Sitz hat, findet in den im §. 4. bezeichneten Sachen nicht ferner Statt.

In denjenigen Ober-Landesgerichten, in welchen ein zweiter Senat besteht, soll ein solcher für diese Appellationen eingerichtet werden.

§. 6.

In jeder für Sachen der im §. 4. bezeichneten Art bestimmten Gerichts-Sitzung müssen in erster Instanz wenigstens fünf, in zweiter wenigstens sieben Mitglieder, mit Einschluß des Vorsitzenden, anwesend seyn.

§. 7.

Bei jedem Ehegerichte erster Instanz ist ein Staats-Anwalt zu bestellen, welcher in den Prozessen wegen Scheidung, Ungültigkeit oder Nichtigkeit einer Ehe, durch alle Instanzen das öffentliche Interesse wahrzunehmen hat.

Derselbe darf nicht Mitglied der Gerichte, vor welchen er aufzutreten hat, und nicht Justiz-Kommissarius seyn.

§. 8.

Der Staats-Anwalt ist verpflichtet, nichtige Ehen, die durch den Richter oder sonst zu seiner Kenntniß kommen (§§. 950. 951. Tit. 1. Theil II. A. L. R.) anzufechten.

§. 9.

In allen anderen in dem §. 4. bezeichneten Prozessen ist der Staats-Anwalt zu den vorkommenden Verhandlungen von Amtswegen zuzuziehen.

§. 10.

Er ist in solchen Prozessen (§. 9.) zu allen Erklärungen und Anträgen, welche sich auf die Aufrechthaltung der Ehe beziehen, insbesondere auch zu Rechtsmitteln in diesem Sinne, ermächtigt.

§. 11.

Wenn nach dem Ermessen des Staats-Anwalts Rechte oder Interessen der Kinder in dem Eheprozesse wahrzunehmen sind, so hat er die Bestellung eines Kurators derselben bei dem Vormundschaftsgerichte zu beantragen.

Bis das Vormundschaftsgericht dem Antrage Statt gegeben hat, liegt dem Staats-Anwalte selbst die Wahrnehmung dieser Rechte und Interessen ob.

§. 12.

Bei allen gerichtlichen Verhandlungen in Ehesachen ist ein verpflichteter Protokollführer zuzuziehen.

§. 13.

II. Sühneversuch vor der Ehescheidungsklage.

Die Ehescheidungsklage kann erst dann angenommen werden, wenn durch ein Attest des kompetenten Geistlichen nachgewiesen wird, daß er auf den Antrag des klagenden Theils die Sühne versucht hat, dieser Versuch aber fruchtlos geblieben ist.

§. 14.

Beide Theile sind verbunden, sich zu diesem Sühneversuch vor dem Geistlichen zu gestellen. Nöthigenfalls ist der verklagte Theil dazu durch seinen persönlichen Richter anzuhalten. Das Ausbleiben des klagenden Theils wird als Zurücknahme seines Antrags betrachtet.

§. 15.

Bei gemischten Ehen ist jeder Theil nur vor dem Geistlichen seiner Konfession zu erscheinen verbunden.

Das Attest (§. 13.) wird in diesem Falle von dem Geistlichen jeder Konfession besonders ausgestellt.

§. 16.

Das Attest (§. 13.) muß ertheilt werden, wenn seit dem ersten Antrage des klagenden Theils vier Monate verflossen sind, ohne daß die versuchte Sühne zu Stande gekommen ist.

§. 17.

Bei Sühneversuchen zwischen jüdischen Eheleuten vertritt ein Rabbiner die Stelle des Geistlichen.

§. 18.

Wenn der verklagte Theil edictaliter vorzuladen ist, so bedarf es keines der Klage vorhergehenden Sühneversuchs.

§. 19.

III. Prozeßverfahren. 1. Erste Instanz.

Die auf Scheidung, Ungültigkeit oder Nichtigkeit der Ehe gerichtete Klage ist dem verklagten Theile und dem Staats-Anwalte mitzutheilen. Zugleich ist ein Termin vor einem Deputirten des Gerichts zu deren Beantwortung durch den verklagten Theil anzusetzen. Derselbe hat die Wahl, statt in diesem Termine zu erscheinen, vor oder in demselben eine Klagebeantwortung einzureichen.

Von der Klagebeantwortung erhält der klagende Theil und der Staats-Anwalt Abschrift.

§. 20.

Die Klage und deren Beantwortung muß zum gerichtlichen Protokoll erklärt werden, oder, wenn sie schriftlich eingereicht wird, und die Partei nicht selbst zum Richter-Amte befähigt ist, von einem Justizkommissarius abgefaßt seyn.

§. 21.

Wird eine Widerklage angebracht, so sind auf dieselbe die in den §§. 19. und 20. gegebenen Vorschriften anzuwenden.

§. 22.

Verhandlung der Sache.

Ist die Beantwortung (§§. 19—21.) eingegangen oder der dazu bestimmte Termin versäumt worden, so hat das Ehegericht zunächst zu prüfen, ob nach den Umständen zu erwarten ist, daß die Parteien freiwillig vor dem Kollegio persönlich erscheinen werden.

§. 23.

Die Parteien können zu diesem persönlichen Erscheinen nur dann wider ihren Willen angehalten werden, wenn das Ehegericht solches zur Erforschung der Wahrheit für erforderlich erachtet, oder begründete Hoffnung vorhanden ist, daß dadurch die Aussöhnung der Parteien werde bewirkt werden. Jedoch sind selbst in diesen Fällen solche Parteien davon zu befreien, welchen das Erscheinen vor dem Kollegio wegen Krankheit, Armuth, Entfernung, Dienstverhältnissen oder aus ähnlichen Gründen nach richterlichem Ermessen nicht anzusinnen ist.

§. 24.

Ist das freiwillige Erscheinen beider Parteien vor dem Kollegio zu erwarten, oder können beide nach §. 23. dazu angehalten werden, so ergeht sofort an dieselben und an den Staats-Anwalt die Ladung zur Verhandlung der Sache vor dem Kollegio.

§. 25.

Ist nur der eine Theil persönlich zu erscheinen verhindert, so kann, wenn die im §. 23. angegebenen Zwecke des persönlichen Erscheinens vor dem Kollegio durch Vorforderung des andern Theils zu erreichen sind, auch dieser allein dazu angehalten werden.

§. 26.

Wenn beide Parteien oder auch eine derselben weder freiwillig vor dem Kollegio erscheinen, noch dazu angehalten werden können, so sind zuvörderst die Erklärungen solcher Parteien durch einen Kommissarius oder durch Requisition eines anderen Gerichts aufzunehmen.

§. 27.

Vertretung der Parteien durch Bevollmächtigte findet bei dieser Vernehmung (§. 26.) nicht statt, sondern es haben sich nöthigenfalls die Gerichtspersonen zu ihnen zu begeben.

§. 28.

In den Fällen des §. 26. ergeht die Ladung zur Verhandlung vor dem Kollegio (§. 24.) erst dann, wenn die vor dem Kommissarius oder dem requirirten Gericht abgegebenen Erklärungen eingegangen und vollständig befunden worden sind. Bei dieser Verhandlung können diejenigen Parteien, deren persönliches Erscheinen vor dem Kollegio nach §§. 23. und 25. nicht verordnet wird, durch Bevollmächtigte oder zugeordnete Assistenten sich vertreten lassen.

§. 29.

Die Verhandlung vor dem versammelten Kollegio (§. 24.) geschieht in der Regel vor denselben Mitgliedern, welche in der Sache zu erkennen haben. Sie beginnt mit dem Vortrage des wesentlichen Inhalts der Akten durch ein Mitglied des Kollegii.

§. 30.

Demnächst sind die Parteien oder deren Bevollmächtigte und der Staats-Anwalt mit ihren Erklärungen und Anträgen zu hören. Dieselben haben in diesem Termine auch ihre Rechts-Ausführungen mündlich vorzutragen.

§. 31.

Der Vorsitzende hat die Verhandlung zu leiten; es ist aber auch jedes Mitglied des Gerichts durch den Vorsitzenden oder mit dessen Genehmigung Fragen zu stellen berechtigt.

§. 32.

Der wesentliche Inhalt der Verhandlung und diejenigen Erklärungen, deren Aufzeichnung von einer Partei oder deren Bevollmächtigten oder von dem Staats-Anwalte besonders beantragt wird, sind zu Protokoll zu nehmen.

§. 33.

Nach dem Schlusse der Verhandlung hat das Gericht, wenn die Sache spruchreif ist, zu erkennen, sonst aber das zur Fortsetzung derselben Erforderliche zu beschließen. Das Erkenntniß oder der Beschluß ist sofort bekannt zu machen. Es steht dem Gerichte aber auch frei, die Entscheidung zu einer weiteren Berathung auszusetzen.

§. 34.

Auf gleiche Weise (§§. 29—33.) ist in den etwa nöthigen ferneren Terminen zur Fortsetzung und zum Schluß der Verhandlung, besonders nach einer stattgefundenen Beweis-Aufnahme zu verfahren.

§. 35.

Die Parteien können in jeder Lage des Prozesses zum persönlichen Erscheinen vor dem Ehegerichte angehalten werden, soweit solches nach §. 23. zulässig ist.

§. 36.

Sie sind berechtigt, vor dem Kollegio und vor dem Kommissarius (§. 26.) sich der Hülfe von Rechtsbeiständen zu bedienen.

§. 37.

Erscheint der klagende Theil in einem vor dem Ehegerichte oder vor dem Kommissarius anberaumten Termine weder persönlich, noch in den Fällen, wo solches zulässig ist, durch einen Bevollmächtigten, oder trägt er ausdrücklich auf Sistirung des Prozesses an, so wird die Sache nur dann fortgesetzt, wenn die Anträge des verklagten Theils solches nöthig machen, oder der klagende Theil die Wiederaufnahme des Prozesses nachsucht.

§. 38.

Beweisaufnahme.

Der Beweis ist unter Zuziehung des Staats-Anwalts in der Regel vor dem versammelten Ehegerichte, und nur, wenn dies aus besonderen Gründen, z. B. wegen Entfernung der Zeugen, nach richterlichem Befinden nicht angemessen ist, durch Kommissarien oder durch Requisition, aufzunehmen.

§. 39.

Das Ehegericht hat zu dem Termine zur Verhandlung der Sache (§. 24. u. ff.) auch die Zeugen vorladen zu lassen, wenn es die Sache durch die Klage und deren Beantwortung, oder im Falle des §. 26. durch die Erklärungen der Parteien dazu hinlänglich vorbereitet findet.

§. 40.

Die Parteien können der Beweis-Aufnahme, insbesondere den Zeugenverhören, durch Bevollmächtigte, und, sofern das Gericht kein Bedenken dabei findet, persönlich, beiwohnen.

§. 41.

Gerichtliche Sühneversuche.

Gerichtliche Sühneversuche kann das Ehegericht in Ehescheidungssachen, so oft es solche angemessen findet, vor sich selbst, wenn dies nach §. 23. zulässig ist, oder durch Kommissarien, insbesondere durch den persönlichen Richter der Ehegatten, mit oder ohne Zuziehung von Geistlichen, vornehmen.

§. 42.

Grundsätze über den Beweis.

In Ermangelung eines nach positiven Beweisregeln vollständig geführten Beweises hat das Ehegericht nach seiner, aus dem ganzen Inbegriff der Verhandlungen und Beweise geschöpften Ueberzeugung zu beurtheilen, ob und in wieweit der für die Scheidung, Ungültigkeit oder Nichtigkeit der Ehe angegebene Grund bewiesen ist.

§. 43.

Durch Zugeständniß, es mag in dem Prozesse oder vorher erklärt seyn, kann der Grund der Scheidung, Ungültigkeit oder Nichtigkeit der Ehe nur in sofern bewiesen werden, als dasselbe geeignet ist, dem Ehegerichte die Ueberzeugung von der Wahrheit der zugestandenen Thatsache zu verschaffen.

§. 44.

Der nothwendige Eid findet, so weit es nach allgemeinen Rechtsgrundsätzen zulässig ist, auch über Thatsachen statt, welche den Grund der Scheidung, Ungültigkeit oder Nichtigkeit der Ehe darthun sollen, jedoch nur, wenn über diese Thatsache demjenigen, welcher den Eid zu leisten hat, die Wahrheit aus eigener Wissenschaft bekannt seyn muß.

§. 45.

Jede Partei kann zur Führung dieses Beweises (§. 44.) Anträge auf einen von ihr oder dem Gegner zu leistenden Eid in der Klage oder im Laufe des Prozesses machen; das Ehegericht hat aber, ohne an solche Anträge oder an das Erbieten des Gegners zum Eide gebunden zu seyn, nach Maaßgabe des §. 44. darüber zu erkennen, und die Ableistung darf erst, wenn rechtskräftig darauf erkannt ist, erfolgen.

§. 46.

Mit einer weiteren, als der im §. 45. vorgeschriebenen Wirkung, ist der Antrag auf einen abzuleistenden Eid, mithin auch die Eideszuschiebung, zum Beweise des Grundes der Scheidungs-, Ungültigkeits- oder Nichtigkeitsklage nicht zulässig.

§. 47.

Im Falle der Kontumaz des verklagten Theiles ist anzunehmen, daß er diejenigen Thatsachen bestreite und diejenigen Urkunden nicht anerkenne, welche zum Beweise des Grundes der Scheidung, Ungültigkeit oder Nichtigkeit der Ehe dienen sollen.

§. 48.

Das Ehegericht ist aber befugt, den verklagten Theil durch angemessene Zwangsmittel anzuhalten, vor dem Kollegio oder dessen Kommissarius (§§. 23. 25. bis 27. 35.) zu erscheinen, um über den Hergang der Sache vernommen zu werden, wenn es solches zur Erforschung der Wahrheit für angemessen erachtet.

§. 49.

Die rechtlichen Folgen des Ausbleibens des edictaliter vorgeladenen verklagten Theils sind nach den bestehenden Vorschriften zu beurtheilen.

§. 50.

In Ansehung derjenigen Thatsachen, welche nicht zur Feststellung des Klagegrundes (§§. 42—47.) dienen sollen, wird an den bestehenden Beweisregeln nichts geändert.

§. 51.

Auf die rechtzeitig angemeldete Appellation ist ein Termin zur Rechtfertigung derselben, und wenn diese erfolgt ist, zur Beantwortung der Rechtfertigung vor einem Deputirten des Gerichts erster Instanz anzuberaumen.

2. Zweite Instanz.

§. 52.

Von der Rechtfertigung der Appellation und deren Beantwortung gilt Alles, was in den §§. 19. und 20. über die Klage und Klagebeantwortung bestimmt ist.

§. 53.

Hiernächst gehen die Akten an das Gericht zweiter Instanz, welches entweder sofort erkennt, oder die etwa nöthige neue Verhandlung oder Beweisnahme veranlaßt, aber auch befugt ist, die Verhandlungen der ersten Instanz vor sich wiederholen zu lassen, wenn es solches zu seiner Information nöthig findet.

§. 54.

Die Vorschriften §§. 22—50. sind auch für das Ehegericht zweiter Instanz und für die Verhandlungen vor demselben maaßgebend.

§. 55.

Die Regulirung des Interimistici kann in den gesetzlich dazu geeigneten Fällen nachgesucht werden, sobald der

3. Interimistikum.

Sühneversuch zur Vorbereitung der Scheidung bei einem Geistlichen beantragt worden ist.

Der Geistliche hat über diesen Antrag auf Verlangen ein Attest zu ertheilen.

§. 56.

Zur Regulirung des Interimistici ist nur das Ehegericht erster Instanz befugt, welches jedoch die Instruktion desselben kommissarisch, namentlich durch den persönlichen Richter, führen lassen kann.

§. 57.

Auf das Verfahren dabei finden nicht die in der gegenwärtigen Verordnung für den Eheprozeß vorgeschriebenen eigenthümlichen Bestimmungen (§§. 19—49.), sondern die bestehenden Regeln Anwendung.

§. 58.

Wenn das Interimistikum vor Anstellung der Ehescheidungsklage festgesetzt wird, so hat das Ehegericht die Fristen zu bestimmen, mit deren Ablauf es seine Kraft verliert, wenn die Klage nicht angestellt ist.

§. 59.

Auch erlischt dasselbe in diesem Falle, wenn die Klage durch ein Dekret zurückgewiesen wird.

§. 60.

Gegen die von dem Ehegerichte ausgesprochene Festsetzung des Interimistici findet kein Rechtsmittel, auch nicht der Rekurs, statt.

§. 61.

4. Gemeinsame Bestimmungen.

Bis zur Rechtskraft des Ehescheidungs-Urtheils kann die Klage zurückgenommen werden. Die auf diese Klage ergangenen Urtheile verlieren alsdann in allen Bestimmungen ihre rechtliche Wirkung, und die Thatsachen, aus welchen geklagt worden, können als selbstständiger Scheidungsgrund nicht mehr geltend gemacht werden.

§. 62.

In sofern das gegenwärtige Gesetz über das Verfahren in Ehesachen nichts Abweichendes bestimmt, bleibt es bei den bestehenden Regeln. Dies gilt insbesondere auch von dem Verfahren in dritter Instanz.

§. 63.

Der Staats-Anwalt ist bei Einlegung der Appellation und Revision an die Frist von Sechs Wochen gebunden.

§. 64.

Die vorstehenden Bestimmungen (§§. 19-54. 61-63.) finden auch auf die Prozesse Anwendung, wodurch nichtige Ehen von Amtswegen getrennt werden sollen, jedoch mit den Maaßgaben, die daraus folgen, daß in solchen Fällen der Staats-Anwalt als Kläger, und beide Ehegatten als Verklagte anzusehen sind.

§. 65.

B. Besonderes Verfahren bei der Scheidung wegen böslicher Verlassung.

1. Wenn der beklagte Theil erreichbar ist.

Der Ehescheidungsklage wegen böslicher Verlassung muß, wenn der Aufenthalt des angeblich abtrünnigen Theils bekannt und erreichbar ist (§. 688. Tit. 1. Thl. II. A. L. R.), der Versuch des persönlichen Gerichts vorangehen, die Herstellung des ehelichen Lebens zu bewirken.

§. 66.

Wird das Gericht von dem verlassenen Ehegatten deshalb angegangen, so hat es durch den kompetenten Geistlichen, oder, sofern dies wegen Abwesenheit eines der Ehegatten unausführbar ist, durch einen anderen Geistlichen, binnen einer dafür zu bestimmenden Frist, die Herstellung des ehelichen Zusammenlebens zu versuchen.

§. 67.

Bleibt dieser Versuch fruchtlos, so hat das Gericht dem angeblich abtrünnigen Theile die Herstellung des ehelichen Zusammenlebens binnen einer bestimmten Frist anzubefehlen.

§. 68.

Erst, wenn ein Jahr nach Ablauf dieser Frist verstrichen ist, ohne daß der Befehl befolgt worden, findet die Ehescheidungsklage statt.

§. 69.

Dieser Klage muß ein geistlicher Sühneversuch (§§. 13. bis 17.) vorangehen.

§. 70.

Die Regulirung des Interimistici kann in Antrag gebracht werden, sobald die gerichtliche Verfügung zur Herstellung des ehelichen Lebens (§. 67.) nachgesucht wird, und es finden auch hier die §§. 55—60 Anwendung.

§. 71.

Die Parteien und der Staats-Anwalt haben diejenigen Thatsachen anzugeben und diejenigen Anträge zu machen, welche zur gründlichen Ermittelung der Ursachen des ehelichen Zwistes erforderlich sind.

§. 72.

Die Nichtbefolgung des gerichtlichen Befehls während des Jahres (§§. 67. 68.) soll für sich allein zur Ehescheidung niemals hinreichen.

Dieselbe findet vielmehr nur statt, wenn jene Ermittelung (§. 71.) die ernstliche Absicht des klagenden Theils zur Fortsetzung der Ehe und die hartnäckige Böswilligkeit des verklagten Theils außer Zweifel setzt.

Hartnäckige Böswilligkeit des verklagten Theils ist so lange nicht anzunehmen, als die Aufhebung des ehelichen

Zusammenlebens und die Weigerung, dasselbe wieder herzustellen, durch das Verschulden des klagenden Theils oder durch andere Gründe nach dem Ermessen des Ehegerichts gerechtfertigt oder entschuldigt wird.

§. 73.

2. Wenn der verklagte Theil nicht erreichbar ist.

Ist der angeblich abtrünnige Ehegatte nicht erreichbar (§. 65.), so bleibt es in Betreff des Ediktalverfahrens bei den jetzt geltenden Bestimmungen (§§. 688. u. f. Tit. 1. Th. II. A. L. R.).

§. 74.

Der §. 693. Tit. 1. Th II. A. L. R., welcher die Ehescheidungsklage gegen den abwesenden Ehegatten nach Ablauf von zwei Jahren seit seiner Entfernung zuläßt, wenn von den eigentlichen Gründen der ersten Entfernung mit hinlänglicher Wahrscheinlichkeit nichts ausgemittelt werden kann, wird jedoch hierdurch außer Kraft gesetzt.

§. 75.

Wenn der verklagte Theil auf die an ihn ergangene öffentliche Vorladung des Ehegerichts zurückkehrt und sich bei demselben meldet, bevor die Ehe rechtskräftig geschieden ist, so treten die in den §§. 19—63. 69—72. aufgestellten Regeln des Eheprozesses ein.

§. 76.

C. Trennung von Tisch und Bett, als besonderes Verfahren bei manchen Scheidungsgründen.

Ehescheidungsklagen, welche nicht auf Ehebruch, bösliche Verlassung, Raserei oder Wahnsinn, grobe, mit harter und schmählicher Zuchthausstrafe bestrafte Verbrechen, oder darauf gegründet werden, daß der verklagte Theil dem klagenden nach dem Leben getrachtet habe, sind zwar nach den Bestimmungen der §§. 19—63. zu behandeln; es soll jedoch in solchen Prozessen nicht sofort auf Ehescheidung, sondern, wenn der Scheidungsgrund nach der Vorschrift der §§. 1. 2. zulässig und hinlänglich festgestellt ist, zuvor auf ein- bis zweijährige Trennung von Tisch und Bett erkannt werden.

§. 77.

Gegen das Trennungs-Urtheil finden dieselben Rechtsmittel, wie gegen ein Ehescheidungs-Urtheil statt. Sie halten die Vollstreckung des Urtheils auf.

§. 78.

Die Trennungszeit (§. 76.) beginnt mit der Rechtskraft des dieselbe aussprechenden Urtheils.

§. 79.

Von rechtskräftigen Trennungs-Urtheilen ist den Geistlichen (§§. 13—17.) Nachricht zu geben, damit sie während der Trennung die Sühne zu versuchen fortfahren können.

§. 80.

Die erkannte Trennung verpflichtet den allein oder zugleich mit der Frau für schuldig erklärten Mann zur Sicherstellung des Vermögens der Frau.

§. 81.

Wegen der von dem Manne der Frau zu gewährenden Alimente und wegen der Rechte und Pflichten der Ehegatten in Betreff der Erziehung und Verpflegung der Kinder während der Trennung hat das Ehegericht, ohne einen besonderen Prozeß darüber zu gestatten, die nähere Bestimmung nach billigem Ermessen zu treffen.

§. 82.

Erst nach Ablauf der Trennungszeit, jedoch nur innerhalb der nächsten drei Monate, kann der klagende Theil auf das Ehescheidungs-Urtheil antragen.

§. 83.

Sind diese drei Monate verlaufen, ohne daß ein solcher Antrag angebracht worden, so erlischt das Trennungs-Urtheil mit allen seinen Wirkungen, und der Scheidungsgrund, aus welchem geklagt worden, kann als solcher ferner nicht geltend gemacht werden.

§. 84.

Dieselben Folgen treten ein, wenn die Parteien sich vor oder nach Ablauf der Trennungszeit versöhnen.

§. 85.

Außer diesem Falle (§. 84.) dauert bis zum Ablauf der drei Monate und, wenn innerhalb derselben auf Ehescheidung angetragen worden, bis zur Beendigung des Scheidungsprozesses durch Entsagung oder rechtskräftiges Erkenntniß, die Trennung mit ihren in den §§. 80. und 81. bestimmten Wirkungen fort.

§. 86.

Die in den §§. 78. 82. 83. und 85. enthaltenen Bestimmungen sind in den Ausfertigungen der Trennungs-Urtheile auszudrücken.

§. 87.

Bevor nach Ablauf der Trennungszeit auf Antrag des klagenden Theils das Ehescheidungs-Urtheil ausgesprochen werden kann, hat das Ehegericht noch einen Sühneversuch mit Zuziehung des Geistlichen zu veranlassen.

§. 88.

Nach fruchtlosem Ausfall dieses Sühneversuchs ist von dem Ehegerichte über den Antrag auf Ehescheidung, nachdem der beklagte Theil darüber gehört worden ist, zu erkennen; dabei ist jedoch der Scheidungsgrund, so wie ihn das Trennungs-Urtheil als festgestellt angenommen hat, als rechtskräftig feststehend zu behandeln, sofern er nicht später durch Versöhnung wieder beseitigt worden ist.

§. 89.

Wenn die zeitige Trennung durch rechtskräftige Ehescheidung oder durch den Tod eines der beiden Ehegatten beendigt wird, so findet die Vermuthung, daß der Ehemann Vater der während der Ehe erzeugten Kinder sey, auf die Kinder, deren Erzeugung in die Trennungszeit (§§. 76. 78. 85.) fällt, keine Anwendung.

§. 90.

Das Verbot der Wiederverheirathung einer geschiedenen Frau innerhalb neun Monaten nach Scheidung der vorigen Ehe (§. 20. Tit. 1. Theil II. A. L. R.) fällt in Ansehung der an der Ehescheidung nicht schuldigen Frau weg, wenn die zeitige Trennung von Tisch und Bett (§. 76. u. f.) der Ehescheidung vorangegangen ist.

§. 91.

Wenn der Ehemann der klagende Theil ist, und nach der besonderen Beschaffenheit des Falles der durch die vorläufige Trennung bewirkte Aufschub der Scheidung allzu drückende Folgen für seinen Hausstand, insbesondere für die Erziehung seiner Kinder, haben würde, und wenn zugleich zur Aussöhnung keine Hoffnung vorhanden ist, so ist das Ehegericht befugt, auf den Antrag des klagenden Theils, auch in den Fällen des §. 76., statt zuvor auf zeitige Trennung, ausnahmsweise sofort auf Ehescheidung zu erkennen.

§. 92.

D. Besonderes Verfahren bei der Scheidung wegen Raserei und Wahnsinn.

Raserei und Wahnsinn ist nur dann als Scheidungsgrund anzunehmen, wenn seit der Rechtskraft der Wahnsinnigkeits-Erklärung ein Jahr verflossen und alsdann nach dem Gutachten zweier sachverständiger Aerzte die Raserei oder der Wahnsinn für unheilbar zu achten ist.

Dritter Abschnitt.
Zusätzliche Folgen der Ehescheidung.

§. 93.

Jedes Urtheil auf Trennung von Tisch und Bett, oder auf Ehescheidung muß — außer den Fällen der §§. 698. und 715. Tit. 1. Thl. II. A. L. R. — den verklagten Theil, oder, wenn die Trennung oder Ehescheidung auf den Antrag beider Theile erkannt wird, beide Ehegatten für schuldig an der Trennung oder Ehescheidung erklären.

A. Ausspruch über die Schuld an der Scheidung.

Es wird hierdurch in den Vorschriften nichts geändert, welche das Allgemeine Landrecht §. 92. u. f. Tit. 2. Thl. II. und die Allgemeine Gerichts-Ordnung §§. 51. 52. Tit. 40. Thl. I. und Anhang §. 293. enthält.

§. 94.

Alle Vergehen, welche die Ehescheidung begründen, sind in Beziehung auf die Vermögens-Nachtheile, welche den schuldigen Theil treffen, für gleich schwer zu achten, und es findet die Regel des §. 785. Tit. 1. Thl. II. A. L. R. darauf Anwendung.

Die §§. 746—750. und 786. a. a. O. werden hierdurch außer Kraft gesetzt.

§§. 95—103*).

sind der weiteren Berathung vorbehalten worden.

§. 104.

Der geschiebene Ehegatte, welcher allein oder zugleich mit dem anderen Theile für schuldig erklärt worden ist,

E. Gemeinsame Bestimmungen.

*) Diese §§. entsprechen den §§. 91—99. des Entwurfs der Gesetz-Kommission, Beilage A., worüber die Berathung vorläufig ausgesetzt worden ist. S. o. S. 115—117.

darf nicht eher zu einer anderen Ehe schreiten, als bis seit der Rechtskraft des Ehescheidungs-Urtheils drei Jahre abgelaufen sind, von welchen jedoch, wenn in demselben Prozesse vorher auf Trennung von Tisch und Bett erkannt worden ist, die erkannte Trennungszeit in Abzug kommt.

Diese Beschränkung des Eingehens einer anderen Ehe ist in dem Scheidungs-Urtheile auszusprechen.

§. 105.

Von dem Verbote der Ehe solcher Personen, welche wegen Ehebruchs (§§. 25. 26. Tit. 1. Thl. II. A. L. R.) geschieden worden, mit den Theilnehmern des Ehebruchs findet fernerhin keine Dispensation Statt.

§§. 106—108 *).

sind der weiteren Berathung vorbehalten worden.

Vierter Abschnitt.

Besondere Bestimmungen für Ehegatten, die der römisch-katholischen Kirche angehören.

§. 109.

Wenn der römisch-katholische Geistliche den Sühneversuch verweigert, weil er die Ehe nicht als kirchlich gültig anerkennt, so vertritt das über diese Weigerung und deren Grund auszustellende Attest die Stelle des Attestes über die Fruchtlosigkeit des Sühneversuchs (§. 13.).

§. 110.

In der Gerichtsbarkeit und dem Verfahren der katholisch-geistlichen Gerichte wird durch gegenwärtige Verord-

*) Entsprechen den §§. 102. 103. und der zweiten Hälfte des §. 104. Vgl. die vorhergehende Note.

nung nichts geändert. (Der zweite Satz dieses §. ist der weiteren Berathung vorbehalten worden.)

Fünfter Abschnitt.

Umfang der Anwendbarkeit dieses Gesetzes.

§. 111.

Gegenwärtiges Gesetz findet nur auf diejenigen Landestheile Anwendung, in denen das Allg. Landrecht und die Allg. Gerichts-Ordnung gelten.

§. 112.

In denjenigen Landestheilen, in welchen durch das Patent vom 21sten Juni 1825. (Gesetzsammlung S. 153.) das Allgem. Landrecht mit gänzlichem Ausschluß der drei ersten Titel des II. Theils eingeführt ist, tritt das gegenwärtige Gesetz mit der Maaßgabe in Kraft, daß in Ansehung der Gründe, aus denen auf Ehescheidung geklagt werden kann, und der Beschränkung des schuldigen Theils bei Eingehung einer anderen Ehe, ingleichen der Abfindung des unschuldigen Theils aus dem Vermögen des schuldigen (§§. 2. 76. 92. 94. 104.) an dem jetzt daselbst geltenden Rechte nichts geändert wird.

§. 113.

Das gegenwärtige Gesetz ist auf Eheprozesse, welche vor eingetretener Gesetzeskraft desselben angebracht worden, nicht anzuwenden.

Gedruckt in der Deckerschen Geheimen Ober-Hofbuchdruckerei.

FSC
www.fsc.org
MIX
Papier | Fördert
gute Waldnutzung
FSC® C083411

Kolibri 360 GmbH
Ferdinand-Jühlke-Straße 7
99095 Erfurt, Deutschland
produktsicherheit@kolibri360.de